lonely planet

W0284224

LONELY PLANET'S BEST EVER TRAVEL TIPS

DIE BESTEN TIPPS, TRICKS UND KNIFFE FÜR IHRE REISE

BRUCKMANN

INHALT

TIPPS ZUM PACKEN

Checkliste vor dem Abflug 10–11
Reisen mit wenig Gepäck – fünf gute Tipps 12–13
Klamotten packen – aber richtig! 14–15
Packliste für Backpacker 16–17
Reise-Gadgets 18–19
Steckdosen-ABC 20–21
Nützlich und zeitlos 22–23

GELD SPAREN

So behalten Sie den Überblick über Ihre Finanzen 26–27
Die beste Zeit für Flugpreis-Schnäppchen 28–29
So sichern Sie sich immer den besten Preis 30
Die Wahrheit über Upgrades 31
Der ultimative Round-The-World-Trip 32–33
Das erste Mal: privat übernachten 34–35
Wie kriege ich das günstigste Zimmer? 36–37
Allein und glücklich 38–39
Mi casa es tu casa 40–41
Holen Sie sich Ihr Geld zurück 42–43

SICHER REISEN

Globale Malariakarte 46–47
Immer schön gesund bleiben 48
Erste-Hilfe-Checkliste 49
Wie der Jetlag rasch »verfliegt« 50
Kein Gluten? Kein Problem! 51
Fitness-Übungen für unterwegs 52–53
Als Frau allein auf Reisen 54–55
Streetfood ohne Reue 56–57
Vegan auf Achse 58–59

PANNEN VERMEIDEN

Die angenehmen Seiten der Regenzeit 62–63
Reklamieren – aber richtig 64
Alles abgedeckt!? 65
Reinfall in den Flitterwochen – und wie Sie ihn vermeiden 66–67
Eine Kreuzfahrt, die ist lustig 68–69
Auf Schienen durch die Welt 70–71
Gut gerüstet gegen Diebstahl und Datenklau 72
Abzockversuche und Trickbetrug 73
So überleben Sie eine Gruppenreise 74–75
Mach's gut, Einsamkeit! 75
Die Kunst des Feilschens 76–77
Mit Freunden reisen 77

FAIR REISEN

Einmal ohne Flug, bitte! 80–81
Öko ist nicht gleich Öko 82–83
Kleiner Reise-Knigge 84–85
Trinkgeld-Tabelle 86–87
Plastikfrei durch die Welt 88–89
Respekt vor wilden Tieren 90–91
Clever Geld ausgeben 92–93

JEDE MINUTE GENIESSEN

Reise-Jahresplaner	96–97
Piloten wissen mehr	98–99
Das Wetter macht, was es will	100–101
Tschüss, Flugangst!	102–103
Geschäftsreisen als Mini-Urlaub	104
Der Portier, Ihr Freund und Helfer	105
Stressfrei reisen mit Kindern	106–107
So bekommen Sie den gefragtesten Tisch der Stadt	108–109
Das Quäntchen Abenteuer	110
Raus aus der Komfortzone	110–111
Einfach mal abschalten	112–113
Die 10 Goldenen Regeln der Reisefotografie	114–115
Das perfekte Instagram-Foto	116
Erinnerungen sammeln – ganz analog mit Stift und Papier	117
Immer schön achtsam bleiben	118–119
Gut essen	120–121
Nützliche Apps und Websites für Globetrotter	122–123

VORWORT

Ein Buch wie dieses zusammenstellen zu dürfen ist für einen Reiseverrückten wie mich ein Traum. Es ist der Versuch, das gesamte reiserelevante Wissen der Welt zu filtern und in 62 Tipps als kleine Lesehäppchen zu präsentieren – nicht zu banal (»Lassen Sie sich nicht die Sonne auf den Pelz brennen, bis Sie rot wie eine Tomate sind«), aber auch nicht zu speziell und unverständlich. Sie werden hier also nichts darüber finden, wie Sie die beste Tour zur Felsenkirche von Lalibela planen – so großartig diese auch ist – oder wie Sie die Backwaters in den weiten Lagunen der mikronesischen Insel Pohnpei kartieren.

Dieses Projekt war keine Aufgabe für einen Einzelkämpfer: Vielmehr habe ich die Welt des Reisens in verschiedene Themen gegliedert – vom Packen bis zum Abenteuerurlaub, von Städtetrips bis zum weiten Feld der Technologie samt der Frage, wie man sie nutzen kann und wann man sie besser hinter sich lassen sollte – und mir für diese jeweils einen Experten gesucht. Ziel und Zweck dieses Buches ist es, Ihnen universelle Tipps zu geben, egal, wohin Sie reisen, und egal, wie groß oder klein Ihr Budget ist. Und ich habe nichts dagegen (und Sie sicher auch nicht), Ihnen nebenbei noch ein paar Geheimtipps zu verraten!

Tom Hall

TIPPS

ZUM PACKEN

Checkliste vor dem Abflug

Bevor Sie das Haus verlassen, überprüfen Sie noch einmal die wichtigsten Dinge

01

Reisepass
Okay, daran haben Sie wohl gedacht – aber auch an das Gültigkeitsdatum? In einigen Ländern muss er bei der Einreise noch mindestens sechs Monate gültig sein. Und falls Sie ihn neu beantragen müssen, denken Sie daran, dass dies dauern kann, insbesondere in der Hochsaison. Die Anforderungen für ein Visum können sich mit der Zeit ändern, also gehen Sie nicht davon aus, dass immernoch dieselben Regeln gelten, wenn Sie in ein bereits besuchtes Land reisen. Ob Sie ein Visum brauchen, steht übrigens auf www.iatatravelcentre.com.

Im Voraus buchen und Geld sparen
Reservieren Sie den Parkplatz am Flughafen im Voraus und bestellen Sie Fremdwährungen vor. Letzeres lohnt auch noch kurz vor der Abreise. Zur Abholung benötigen Sie die Karte, mit der Sie bestellt haben, und meist gibt es einen gesonderten Abholschalter.

Sicherheit

Um böse Überraschungen zu vermeiden, informieren Sie sich vor Reisebeginn am besten über die aktuelle Situation am Zielort. Das deutsche Auswärtige Amt (www.auswaertiges-amt.de/de/ReiseUnd Sicherheit/reise-und-sicherheitshinweise), das österreichische Bundesministerium für Europa, Integration und Äußeres (https://www.bmeia.gv.at/reise-aufenthalt/reiseinformation/laender/) sowie das Schweizer Eidgenössische Departement für auswärtige Angelegenheiten (https://www.eda.admin.ch/eda/de/home/vertretungen-und-reisehinweise.html) geben auf ihren Websites Reise- und Sicherheitshinweise für alle Länder der Welt.

Sich versichern – ganz wichtig!

Eine Reiseversicherung beinhaltet hauptsächlich Leistungen im Krankheitsfall, und das macht sie so teuer, wenn man schon älter ist. Damit die Versicherung auch greift, müssen sämtliche Vorerkrankungen angegeben werden – kompromisslos. Prüfen Sie vorher auch, ob alle Aktivitäten, die Sie planen, im Preis inbegriffen sind.

Gesund & munter

Lassen Sie sich vor Ihrer Reise von Ihrem Haus- und Zahnarzt durchchecken, denn Probleme können zu Hause leichter behandelt werden als unterwegs. Am besten lässt man sich so früh wie möglich über Impfungen beraten, denn diese können viel Zeit in Anspruch nehmen. Die gängigsten Immunisierungen führt normalerweise der Hausarzt durch, in größeren Städten gibt es aber auch spezielle Reisekliniken.

Rabattkarten und Mitgliedsausweise

Studenten und junge Leute sparen mit dem Internationalen Studentenausweis (International Student Identity Card oder ISIC) und der International Youth Travel Card (IYTC) richtig Geld, und das weltweit. Weitere Infos gibt's auf www.isic.de. Reisende jeden Alters profitieren von einer Mitgliedschaft bei Hostelling International (www.hihostels.com). Ältere Menschen erhalten bei einigen Fluggesellschaften und oft bei öffentlichen Verkehrsmitteln Vergünstigungen. Dafür reicht manchmal schon der Personalausweis oder man registriert sich vor Ort.

Reisen mit wenig Gepäck – fünf gute Tipps

Doug Dyment, Autor von OneBag.com, gibt Ratschläge zur Reduzierung des Gepäckgewichts

02

1 Es steckt nur ein Geheimnis hinter Reisen mit wenig Gepäck: eine ordentliche individuelle Packliste und das Versprechen an sich selbst, nichts einzupacken, was nicht auf Ihrer Liste steht. Und das ist oft gar nicht viel und passt in das Handgepäckstück, egal, ob man nach Indien oder Inuvik reist.

2 Kleine Kofferkunde: Die meisten Reisetaschen werden so gestaltet, dass sie gut aussehen, sind aber nicht auf wenig Gewicht ausgelegt. Schulen Sie also Ihr Auge für das Design (Form, Ausstattung) und die Machart (Stoffe, Reißverschlüsse). Womög-

lich stellen Sie fest, dass die Rollen an einem Trolley in erster Linie diesen stützen, für Ihr Gepäck selbst aber keine »Stütze« sind.

3 Flüssigkeiten sind der Fluch aller Leichtgepäck-Reisenden. Sie sind schwer, meist unförmig verpackt, laufen gerne aus und werden vom Sicherheitspersonal immer genau unter die Lupe genommen. Und sie sind schwer – hatte ich das schon erwähnt?

4 Wäsche waschen. Regelmäßig und mit dem richtigen Zubehör gemacht – Wäscheleine, Reise-Waschpulver, Abflussstöpsel – geht das nebenher. So reichen drei Garnituren Unterwäsche locker!

5 Farblich abstimmen. Um aus einer bescheidenen Menge Kleidung den größtmöglichen Nutzen zu ziehen, sollten Sie darauf achten, dass alles zu allem passt.

Klamotten packen – aber richtig!

Die Kunst des Bündelschnürens mit dem Gepäck-Guru Doug Dyment

03

Nichts ist nerviger, als wenn die so sorgfältig gepackten Klamotten am Ziel der Reise als ein einziger verschrumpelter Haufen zum Vorschein kommen. Für dieses Problem gibt es nur eine Lösung, die tatsächlich funktioniert. Aber die kennt überraschenderweise kaum einer.

Das Ziel besteht darin, zum einen das Falten abzuschaffen (was nichts bringt außer, na ja, Falten eben) und zum anderen dafür zu sorgen, dass die einzelnen Kleidungsstücke nicht aneinander reiben (was auch nur Falten verursacht). Beides zusammen schreit förmlich nach der Technik des sogenannten »Bündelschnürens« – das Wickeln der Kleider um einen Kern herum, etwa einen flachen Beutel, ausgestopft mit Socken und Unterwäsche.

Verstauen Sie leicht knitternde Kleidung (Jacken, Blusen) weiter weg und weniger Empfindliches (Pullover, Jeans) näher am Kern Ihres Bündels. Damit das Bündel im Koffer nicht verrutscht oder gar auseinanderfällt, zurren Sie es gut fest.

Wenn sie die Schritte befolgen, finden Sie sogar noch Platz für Ihr schickes Leinen-Outfit.

1 Legen Sie knitteranfällige Kleidungsstücke wie langärmelige T-Shirts, Kleider und Jacken flach auf eine glatte Oberfläche mit der Vorderseite nach oben übereinander und wechseln Sie bei jedem Teil die Richtung.

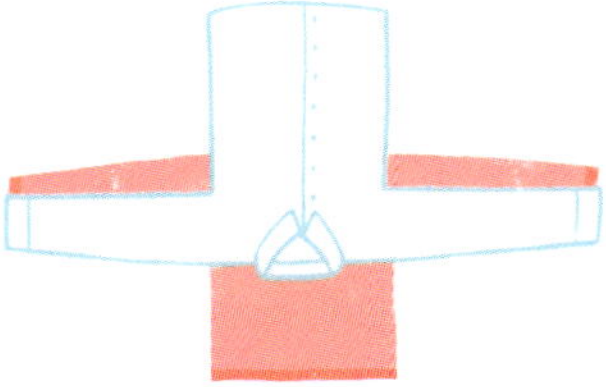

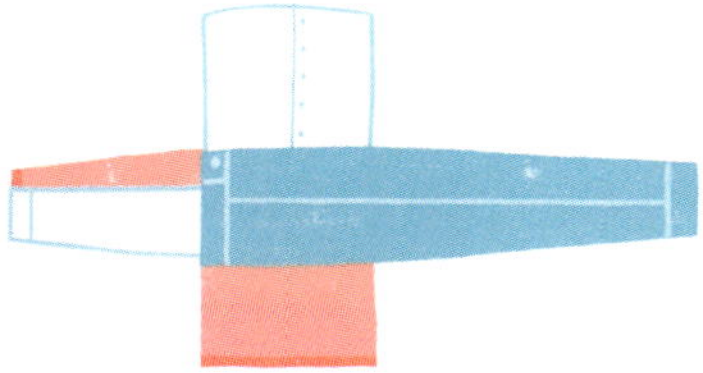

2 Weiter geht's mit kurzärmeligen Oberteilen, Hosen und weniger empfindlichen Kleidungsstücken wie Pullovern und kurzen Hosen. Auch hier wird immer die Richtung gewechselt.

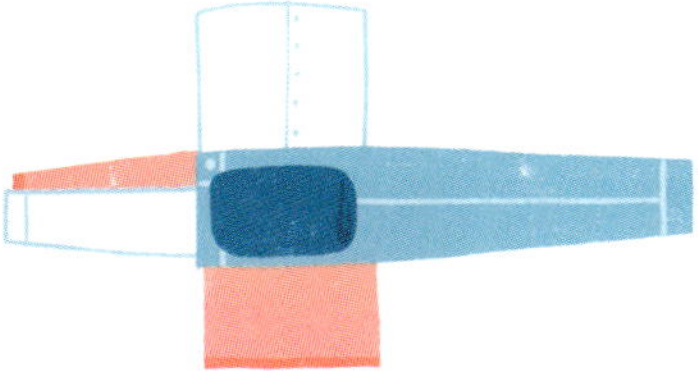

3 Liegen alle Teile übereinander, kommt das »Kernbündel« dazu – etwa eine große Waschtasche oder ein verschlossener Beutel mit Unterwäsche.

4 Jetzt wickeln Sie alle Kleidungsstücke nacheinander fest um das Kernbündel, wobei der Stoff immer straff sein sollte.

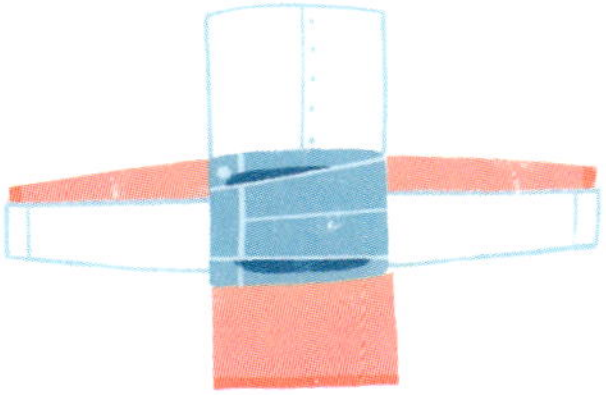

5 Sind alle Teile eingewickelt, kommt das Bündel in den Koffer und wird mit den Sicherheitsriemen festgeschnallt, damit es während des Transports nicht verrutscht.

Packliste für Backpacker

Mit dieser praktischen Checkliste wird nichts vergessen

04

WESENTLICHES

- [ ] Reisepass
- [ ] Bordkarte
- [ ] Fremdwährung
- [ ] Kreditkarte
- [ ] Reisekarten/Reiseplan
- [ ] Reiseführer
- [ ] Erste-Hilfe-Set
- [ ] Dokumente zur Reiseversicherung
- [ ] Medikamente und Reiseapotheke
- [ ] Wichtige Unterlagen
- [ ] Großer Rucksack
- [ ] Kombinationsschloss

ELEKTRONISCHES

- [ ] Kamera und Ladekabel
- [ ] Handy und Ladekabel
- [ ] Tablet und Ladekabel
- [ ] Kopfhörer
- [ ] Adapterstecker
- [ ] Stirnlampe und Batterien
- [ ] Wasserfeste Aktionkamera
- [ ] Festplatte für Back-up

KLAMOTTEN

- [ ] Leichte Jacke
- [ ] Regenjacke
- [ ] Leichte Pullover
- [ ] Kapuzenpullover
- [ ] Hemden
- [ ] Tops
- [ ] T-Shirts
- [ ] Hosen
- [ ] Leggings
- [ ] Kurze Hosen
- [ ] Röcke
- [ ] Kleider
- [ ] Sandalen
- [ ] Flip-Flops
- [ ] Bequeme Schuhe
- [ ] Gürtel
- [ ] Socken
- [ ] Unterwäsche
- [ ] Schlafanzug
- [ ] Sonnenhut/Mütze
- [ ] Badeanzug
- [ ] Schal/Tuch
- [ ] Versteckter Reiß-verschluss

KOSMETIK

- [ ] Sonnencreme und After-Sun-Lotion
- [ ] Creme
- [ ] Insektenschutz
- [ ] Deodorant
- [ ] Parfüm
- [ ] Lippenbalsam
- [ ] Rasierer und Rasierschaum
- [ ] Shampoo und Spülung
- [ ] Seife/Duschgel
- [ ] Zahnbürste
- [ ] Zahnpasta
- [ ] Make-up und Abschminktücher
- [ ] Haarbürste/Kamm
- [ ] Haarpflegeprodukte
- [ ] Einwegtücher
- [ ] Sanitäre Produkte
- [ ] Nagelfeile/Nagelknipser
- [ ] Pinzette
- [ ] Waschset: Waschmittel, Wäscheleine, Universal-Abflussstöpsel
- [ ] Handdesinfektionsmittel
- [ ] Zahnseide
- [ ] Behälter für Flüssigkeiten
- [ ] Taschentücher

VERSCHIEDENES

- [ ] Schmerzmittel
- [ ] Brille
- [ ] Kontaktlinsen und Lösung
- [ ] Reisetagebuch und Stift
- [ ] Bücher
- [ ] Sonnenbrille
- [ ] Wasserfeste Uhr
- [ ] Strandhandtuch/schnell trocknendes Handtuch
- [ ] Wasserfeste Tasche
- [ ] Trinkflasche mit Filter
- [ ] Inlett
- [ ] Ohrstöpsel
- [ ] Nachfüllbare Flaschen
- [ ] Reise-Nackenkissen
- [ ] Spielkarten
- [ ] Taschen-Nähset
- [ ] Schlafsack
- [ ] Campingkocher
- [ ] Besteck
- [ ] Tasse/Schüssel

Reise-Gadgets

Technische Helferlein für Ihren Trip

05

Im Zuge der Recherchen für dieses Buch haben wir eine Reihe von Experten gebeten, uns die Dinge zu nennen, die sie auf einer Reise nicht missen möchten. Dabei tauchten einige immer und immer wieder auf ...

◆ Tablet + USB-Tastatur = ein Computer, der leicht zu tragen und überall einsetzbar ist

◆ Universal-Adapterstecker mit mehreren USB-Eingängen – der wahrgewordene Traum aller Computer-Junkies

◆ Eine tragbare Festplatte zur Sicherung von Fotos und Videos ist platzsparend und eine gute Alternative zur Cloud, wenn wenig Speicherplatz vorhanden oder die Internetverbindung zu langsam ist.

◆ In-Ear-Kopfhörer mit Lärmunterdrückung für laute Busfahrten und um ungestört zu schreiben oder Videos zu bearbeiten. Mithilfe eines Kopfhörer-Splitters kann man zu zweit gleichzeitig denselben Film schauen, perfekt für lange Fahrten.

◆ Eine Smartwatch oder Sportuhr erfasst Standort sowie Entfernungen und kann sogar den Wetterbericht und Nachrichten anzeigen – fantastisch für Fernwanderungen und -radtouren.

◆ Mobile Stromquelle – etwa die von powertraveller (powertraveller.com). Damit halten Ihre Akkus länger. Die Technologie hinter diesen Ladegeräten entwickelt sich ständig weiter. Solarmodelle eignen sich natürlich besonders für abgelegenere Orte.

◆ Freigeschaltetes Smartphone. Eine einheimische SIM-Karte kann Ihnen das Reiseleben bedeutend erleichtern und gibt durch bessere

LIEBER GUT VERSICHERT

Teure Ausrüstung im Gepäck? Dann vergewissern Sie sich, dass Ihre Reiseversicherung auch elektronische Geräte abdeckt und überprüfen Sie den Selbstbehalt bei Diebstahl und Verlust. Die Benutzung des Hotelsafes für Wertgegenstände versteht sich von selbst.

Erreichbarkeit ein extra Gefühl von Sicherheit. Ohne freigeschaltetes Smartphone bringt sie aber nur wenig.

◆ Besonders für Handy-Vielnutzer – und mal ehrlich, sind wir das nicht alle? – sind Smartphone-Hüllen mit eingebautem Akku ein praktischer Reisebegleiter, mit dem man auch unterwegs aufladen kann.

◆ Reise-Fön und Reise-Bügeleisen – klein, zusammenklappbar, leicht, und die besten sind auch richtig leistungsstark. Inzwischen stellen immer weniger Hotels und noch weniger Privatunterkünfte Bügeleisen zur Verfügung. Wer knitterfrei sein muss, der geht mit eigenem Reise-Eisen auf Nummer sicher.

◆ Fernglas – brauchen Sie nicht? Probieren Sie es doch einmal aus. Sie werden erstaunt sein, wie viel mehr Sie damit entdecken können.

◆ Wiederaufladbare Stirnlampe: Unverzichtbarer Campingbegleiter, der jeden Ausflug angenehmer macht – egal ob im Zelt oder im stockdunklen Hostelzimmer.

◆ Stativ – damit Bilder nicht verwackeln. Eine gute Auswahl gibt es von GorillaPod (joby.com/gorillapod).

◆ Reisewaage: Wenn Sie das Gewicht Ihres Koffers schon vor dem Check-in kennen, vermeiden Sie lästiges Umpacken am Flughafen und Übergepäckgebühren.

Steckdosen-ABC

Stecker, Steckdosen, Adapter und Co. – ein kleiner Überblick:

Land	Steckertyp	kompatibel mit
Australien	I	–
Brasilien	N	C
China	I	–
Europa*	C, E, F	C, E, F
Großbritannien und Irland	G	–
Indien	D	C, D
Japan	A, B	A
Kanada	A, B	A
Malaysia	G	–
Neuseeland	I	–
Singapur	G	–
Südafrika	M	–
Thailand	O	–
USA	A, B	A

* außer:
Schweiz und Liechtenstein (Typ J, kompatibel mit C)
Dänemark (Typ K, kompatibel mit C)
Italien (Typ L, kompatibel mit C, wenn Steckdose = Typ 10A)

Nützlich und zeitlos

High-Tech ist nicht alles: Auch unscheinbare Alltagsgegenstände können nützlich sein

07

Sarah Baxter, Redakteurin und Reiseautorin (@sarahbtravels), schwört auf ihre Casio F91-W: »Für 20 Euro bekommen Sie eine Uhr, die ewig funktioniert, einen Wecker und ein einfaches Licht hat und aussieht wie von 1981 – ein super Diebstahlschutz.«

Sarah hat immer ein Beutelchen mit Sicherheitsnadeln, Gummibändern, einer alten Strumpfhose und Klebeband dabei: Helferlein, um unterwegs kleine Reparaturen vorzunehmen, Klamotten oder Vorhänge zusammenzuhalten oder einen praktischen Verschluss zu basteln.

Funktionskleidung muss nicht sein. »Hauptsache, Sie fühlen sich wohl und tragen Sachen, die schnell wieder trocknen. Sparen Sie sich das Geld für unterwegs, dort werden Sie es brauchen.« Es sei denn, Sie wollen spezielle Trips unternehmen wie Felsklettern oder Dschungelwanderungen – dann ist die richtige Ausrüstung unabdingbar.

POSTE RESTANTE – IMMER NOCH MODERN

Wie aufregend war es früher, vor allem auf langen Reisen in ferne Länder, einen Stapel Briefe von zu Hause zu bekommen! Trotz Internet ist es bis heute international üblich, Sendungen postlagernd zu sammeln. Und das funktioniert sogar in den kleinsten Orten und Postfilialen. Probieren Sie es aus und lassen Sie sich Ihre Post in die entlegensten Winkel schicken – das macht Spaß!

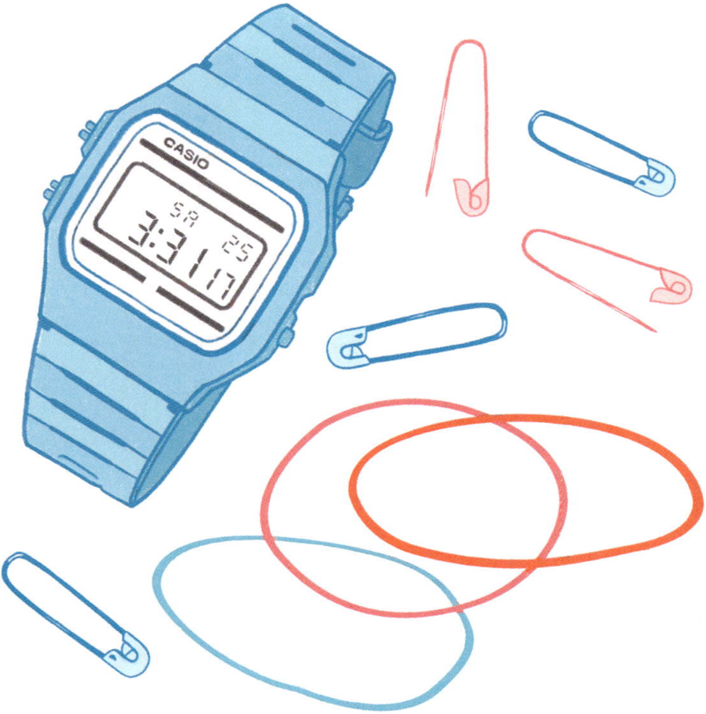

Nur mit dem Nötigsten zu reisen heißt, immer praktisch statt elegant gekleidet zu sein? Von wegen! Diese kleinen Accessoires passen in jeden Koffer und sorgen im Handumdrehen für etwas Glamour unterwegs: ein getönter Lippenbalsam mit Lichtschutzfaktor, hübsche Ohrringe, ein leichtes Tuch (auch nützlich als Kälte-/Sonnenschutz) und ein Travalo (lippenstiftgroßer Parfümzerstäuber für die Reise).

Ein Golfschirm (oder XXL-Regenschirm) ist besonders nützlich auf Wandertouren in tropischen Gegenden: »Er war ein praktischer Begleiter während eines Wanderurlaubs in der Karibik«, erzählt Baxter. »Es hat oft geregnet, aber für eine Regenjacke war es einfach zu heiß. Der große Schirm funktioniert auch prima als Wanderstock.«

GELD SPAREN

So behalten Sie den Überblick über Ihre Finanzen

Setzen Sie sich ein realistisches Tageslimit

08

Ob Sie in teuren Boutiquehotels absteigen oder als Backpacker reisen – so geht Ihr Haushaltsplan auf:

◆ Überlegen Sie sich zu Hause, wie viel Geld Sie voraussichtlich brauchen, und planen Sie für die ersten Tage etwas mehr ein. Der Anfang einer Reise ist immer etwas teurer.

◆ Nutzen Sie die moderne Technik, um Ihre Ausgaben im Blick zu behalten: via Online-Banking, SMS-Benachrichtigungen oder Apps wie Trail Wallet.

◆ Nutzen Sie die Geldkarte oder eine Prepaid-Kreditkarte. So können Sie nicht mehr ausgeben, als Sie haben.

◆ Suchen Sie nach Möglichkeiten, wie Sie sparen, dabei aber die

Urlaubsfreuden trotzdem genießen können. Gehen Sie mittags essen, denn dann gibt es oft preiswerte Mittagsmenüs . Oder wie wäre es, am Abend die Happy Hour mitzunehmen? Aber ...

◆ ... achten Sie auf Ihren Alkoholkonsum – nicht nur, weil sich das tägliche Gläschen im Geldbeutel bemerkbar macht, sondern weil Sie auch Gefahr laufen, nach ein paar Gläsern zu viel die Kontrolle über Ihren Geldbeutel zu verlieren und alle guten Vorsätze in den Wind zu schießen.

◆ Holen Sie sich eine Prepaid-Mastercard von Internetbanken wie N26, Monzo oder Revolut. Neben gebührenfreien Käufen im Ausland bieten diese alternativen Onlinebanken oft kostenlose (aber begrenzte) Bargeldauszahlungen sowie internationale Überweisungen zu den besten Wechselkursen. Die Konditionen ändern sich von Bank zu Bank.

◆ Besuchen Sie Gegenden, in denen Ihr Geld mehr wert ist. In Ländern wie Thailand, Kambodscha, Südafrika oder Uruguay bleibt die Reisekasse länger voll.

◆ Entscheiden Sie sich für einheimische Produkte und Anbieter. Das unterstützt die regionale Wirtschaft und schont den Geldbeutel.

Kash Bhattacharya, The Budget Traveller (budgettraveller.org)

1
2 3 4 5 6 7 8
9 10 11 12 13 14 15
16 17 18 19 20 21 22
23 24 25 26 27 28 29
30
A A19 9:30

Die beste Zeit für Flugpreis-Schnäppchen

Wie Sie dem Buchungssystem ein Schnippchen schlagen

Wann beginnt der Ticketverkauf?
Für gewöhnlich elf Monate im Voraus. Warum? Das ist historisch bedingt: eine Maßnahme aus Zeiten, da Sitzpläne noch per Hand angefertigt wurden. Das half den Airlines, Fehlbuchungen zu vermeiden – richtiger Flug, richtiger Tag, aber falsches Jahr.

Lohnt es sich, fast ein Jahr im Voraus zu buchen? ?
Nein, nicht immer. Airlines können ihre Preise stündlich aktualisieren (und tun dies häufig auch). Sie benutzen dafür einen hochkomplizierten Algorithmus zur Gewinnmaximierung – ein möglichst voll besetzter Flieger und Fluggäste, die möglichst viel für einen Platz bezahlen.

Wann ist die beste Zeit, um zu buchen?
Im Schnitt ungefähr fünf Wochen vor Reiseantritt. Wenn Sie flexibel sind, warten Sie ab. Beobachten Sie die Preise und achten Sie darauf, wann die Tickets günstiger werden – Abflugtag und -zeit beeinflussen die Preise enorm.

Günstig verreisen in der Hauptsaison, an Weihnachten etwa – geht das?
Hier gilt: zeitig buchen! Dann sind noch alle Tarifklassen verfügbar und Sie haben gute Chancen auf ein Ticket zu einem passablen Preis. Billiger wird es nämlich nicht mehr. Und so bekommt man noch einen Platz bei seiner Wunsch-Airline.

Filip Filipov, Verantwortlicher im Bereich B2B, Skyscanner

So sichern Sie sich immer den besten Preis

Wie Sie den perfekten Schnäppchenflug finden

10

Sind Flüge auf internationalen Hauptverkehrsrouten nicht vollständig ausgelastet – was der stark gestiegenen Anzahl an Anbietern in diesem Bereich zu verdanken ist –, können Passagiere echte Schnäppchen machen.

1 »Meist senken die Airlines ihre Preise im Januar und im September«, sagt Stuart Lodge von roundtheworldflight.com. »Die Airlines versuchen so, ihre Flieger in der nächsten ›Zwischensaison‹ voll zu kriegen – also von März bis Mai und von Oktober bis November. Es gibt zwar auch sonst Schnäppchen, allerdings nur wenige.«

2 Wenn Sie während der Schulferien oder zu anderen Stoßzeiten reisen, hat es keinen Zweck, auf ein billiges Angebot zu warten – es gibt keines.

3 Günstige Tickets gibt es meist für weniger nachgefragte Routen, logisch. Preisnachlässe für Routen mit hoher Nachfrage bei geringer Kapazität sind seltener zu finden.

4 Senkt eine Airline die Preise, ziehen andere oft nach, und es kommt zu einem Domino-Effekt. Es ist nicht ungewöhnlich, dass ein halbes Dutzend Fluggesellschaften gleichzeitig ihre Preise senken.

5 Tragen Sie sich in die Newsletter-Verteiler diverser Airlines ein, um über aktuelle Schnäppchen informiert zu werden.

Die Wahrheit über Upgrades

Wie Sie Ihre Chancen auf eines dieser mysteriösen Upgrades maximieren

11

Ein Upgrade in eine höhere Buchungsklasse zu ergattern ist ein bisschen wie Schluckauf loswerden – es gibt die tollsten Theorien darüber, wie man es anstellt, aber keine perfekte Lösung. Einen schlauen Trick oder Tipp dafür gibt es nicht wirklich, außer: Sammeln Sie Flugmeilen, um in den Genuss von Vielfliegerstatus-Vorteilen zu kommen!

»Ist der Flug überbucht, liegt die Entscheidung bei der Crew«, sagt Tom Otley, Chefredakteur bei Business Traveller. »Sie prüft die Buchungsdetails auf Ihrem Ticket und auch, ob und wie viele Treuepunkte Sie haben. Wenn Sie Vielflieger sind, genießen Sie einen höheren Status als andere Passagiere und bekommen so auch leichter ein Upgrade.«

Und hier kommt die unromantische Wahrheit: Es schadet natürlich nie, dem Personal am Check-in-Schalter schöne Augen zu machen. Wenn es noch irgendwo ein freies Plätzchen gibt, gibt es auch eine Chance!

UPGRADE-ALTERNATIVEN

Klar, ein Upgrade wegen Überbuchung zu bekommen ist toll, aber es kann auch sehr lukrativ sein, anderweitig entschädigt zu werden – etwa in Form von Gutscheinen, Bonusmeilen oder Bargeld. Für diejenigen mit einem flexiblen Reiseplan ist es nebenbei eine gute Möglichkeit, um manche Reisekosten wieder auszugleichen. Falls Sie also am Check-in-Schalter stehen und mitbekommen, dass Ihre Airline mit Boni winkt, wenn Sie auf den Flug verzichten, dann greifen Sie schnell zu!

Der ultimative Round-The-World-Trip

Wie Sie das Maximale aus einem RTW-Ticket herausholen

12

Ein Round-the-World-Ticket macht den Traum von der Weltreise wahr: Mit einem Ticket fliegen Sie bestimmte Ziele auf mehreren Kontinenten an. Normalerweise werden dabei verschiedene Fluggesellschaften einer großen Airline-Allianz genutzt.

Wann?
Am besten reisen Sie zwischen Mitte April und Juni, das ist am günstigsten, oder Sie vermeiden zumindest die Hochsaison: Juli, August, Dezember, Januar. Und wenn Sie dann auch noch von Ost nach West reisen, folgen Sie quasi dem guten Wetter.

Wohin?
Viele planen ihre Route um zwei oder drei ihrer Wunschziele herum. Wer unbedingt nach Südamerika möchte, sollte aber wissen, dass das meist komplizierter und teurer wird.

GELD SPAREN

Vorschriften beachten
Das Ticket ist gebucht, aber Sie haben spontan Änderungswünsche? Flexible Tickets kosten beim Kauf zwar etwas mehr, zahlen sich langfristig aber aus.

Wann sollte man es nicht nutzen?
Exotische Ziele wie Indonesien oder ausgefallene Orte in Südamerika sind beliebt, werden aber per RTW-Ticket kaum angeboten. In diesen Fällen ist es besser, einen Billigflug von einem nahe gelegenen Flughafen aus zu buchen und später auf die RTW-Route zurückzukehren.

Land in Sicht
Oft kann es am Boden mit dem Zug weitergehen, weil man mit einem RTW-Ticket an einem Ort landen und an einem anderen wieder abfliegen kann. Wenn Sie ausgetretene Pfade meiden wollen, machen Sie auch mal Umwege.

Stuart Lodge, roundtheworldflights.com

Das erste Mal: privat übernachten

Tipps für die Nacht im Ferienappartement, im Gästezimmer, auf dem Sofa – oder im Baumhaus

13

Die Möglichkeiten der Onlinebuchung von privaten Unterkünften haben das Angebot stark erweitert. Wer zum ersten Mal danach sucht, für den kann die große Auswahl verwirrend sein.

Der Tipp des Reisejournalisten Andy Murdock, wenn es um Privatunterkünfte geht: schon vor der Reise wissen, was einen erwartet. So lassen sich böse Überraschungen vermeiden. »Meistens lädt der Gastgeber Sie in sein Haus ein, manchmal wird die Vermietung aber auch über eine Agentur abgewickelt, so wie bei gewöhnlichen Ferienwohnungen. Das sind zwei ganz unterschiedliche Erfahrungen.«

Nur weil Ihre Wunschdaten auf der Website verfügbar sind, heißt das nicht, dass der Gastgeber Ihre Anfrage auch annehmen muss. Murdock erklärt: »Gastgeber aktualisieren ihre Kalender nicht immer und möchten zuerst einen Eindruck vom Gast gewinnen, bevor sie dessen Buchung akzeptieren. Schließlich will man sich ja gut verstehen. Ein ordentliches Profil auf Airbnb, Couchsurfing oder anderen sozialen Unterkunftsvermittlungen sollte deshalb zeigen, wer Sie sind. Potenziellen Gastgebern sollten Sie zudem kurz schildern, warum Sie deren Ort besuchen wollen.«

Murdock empfiehlt außerdem, den Gastgeber bereits vor dem Buchen zu kontaktieren: »Stellen Sie Fragen: Ein kurzer Austausch schafft Vertrauen auf beiden Seiten.«

Die erste Buchung
Je mehr Erfahrung Sie mit Privatunterkünften sammeln, umso leichter fällt Ihnen die Wahl der richtigen Bleibe. Schauen Sie beim ersten Mal nach erfahrenen Gastgebern und positiven Bewertungen.

»Egal ob bei Airbnb, Couchsurfing oder einer anderen Plattform für private Unterkünfte: Man sollte ein aussagekräftiges Profil haben und dem Gastgeber vermitteln, warum man den Ort besuchen möchte.«

Achten Sie besonders auf die Lage. Wohnhäuser befinden sich oft etwas weiter von Sehenswürdigkeiten entfernt. Das hat sein Gutes – Sie lernen die Stadt aus der Perspektive eines Einheimischen kennen, was vielen Reisenden verwehrt bleibt –, ist aber nicht immer praktisch. Deshalb sollten Sie vor der Buchung genau den Stadtplan studieren.

Kosten

Obwohl die Preise variieren, bekommt man in Privatunterkünften oft mehr für sein Geld. Eine gut ausgestattete Küche, mehrere Zimmer und eine Waschmaschine sind Annehmlichkeiten, die man in keinem Hotel findet (oder die unerschwinglich sind). Ganze Unterkünfte (anstatt mit dem Gastgeber oder anderen Gäste zu teilen) kosten etwas mehr.

Mit Selbstverpflegung spart man vor allem auf längeren Reisen viel Geld. Weiteres Plus: Der Besuch von Märkten und Lebensmittelläden macht die Reiseerfahrung noch viel bunter und interessanter.

Situation vor Ort

Seit ein paar Jahren boomt die weltweite Privatvermietung an Touristen. Während einige Gemeinden diese Entwicklung willkommen heißen, wirken besonders Großstädte mit Wohnungsproblemen diesem Trend entgegen. Erkundigen Sie sich vor der Buchung nach der gesetzlichen Situation vor Ort.

Wie kriege ich das günstigste Zimmer?

Die Preisbildung für Hotelzimmer scheint oft dubios – das kann man sich aber auch zum Vorteil machen

14

Hotelpreise sind heutzutage sehr transparent – Online-Vergleichsportale nehmen Ihnen die Arbeit ab. Aber Sie können auch selbst etwas tun.

◆ Viele Hotels, insbesondere privat geführte, arbeiten mit einem Blockbuchungssystem, über das sie Zimmer für Reisegruppen reservieren, die aber nicht immer unbedingt bestätigt werden. 24 Stunden vor Anreise geben Hotels nicht bestätigte Zimmer normalerweise wieder frei. Lastminute-Angebote kann man erhaschen, wenn das Hotel plötzlich viele freie Zimmer zu vermieten hat.

◆ Pech fürs Hotel, Glück für Sie: Erscheint ein Gast nicht zum Anreisetermin, geben viele Hotels gegen 18 Uhr gebuchte Zimmer frei. Das gilt besonders, wenn Reservierungen nicht mit Kreditkarten gesichert wurden. Hier fängt der späte Vogel den Wurm – in diesem Fall Sie!

◆ Halten Sie Ausschau nach Frühbucherangeboten. Diese gibt es oft 21 bis 28 Tage im Voraus, nicht selten aber zu bestimmten Bedingungen.

◆ Leere Hotelzimmer sind ein Dorn im Auge der Hoteliers. Jeder Hotelier ist darauf bedacht, seine Zimmer jede Nacht zu vermieten. Je später am Tag Sie kommen, desto besser sind Ihre Chancen, Rabatt zu bekommen. Denn für den Hotelier bedeutet das: Auch wenig ist besser als nichts.

◆ Späte Ankunftszeiten sind an sich kein Drama, vor allem, wenn Sie zuvor in Ihrem Hotel anrufen und Ihre Ankunft bestätigen.
Und sollte das Hotel bis dahin gut gebucht sein, steigen dann sogar noch Ihre Chancen, ein Upgrade auf eine höhere Zimmerkategorie zu bekommen.

◆ Hotelketten und bekannte Marken arbeiten nicht gern mit Sonderangeboten, denn das zentrale Buchungsteam soll für maximalen Gewinn sorgen und dabei den Preisstandard erhalten. Aber es gibt ein Hintertürchen: Blitzverkäufe bei Online-Anbietern wie Secret Escapes und Voyage Privé zu Zeiten niedriger Nachfrage. Diese vermieten Hotelzimmer zu günstigen Preisen innerhalb einer geschlossenen Community (Anmeldung kostenlos), und das nur für kurze Zeit. Oft wird der Name des Hotels nicht genannt, um die Marke zu schützen. Das »Vier-Sterne-Hotel in London« muss dabei zwar nicht unbedingt eine bekannte Marke sein, aber die Chancen dafür stehen gut.

◆ Plattformen zum Vergleichen von Preisen berücksichtigen nur andere Buchungssysteme, nicht aber hoteleigene Websites. Vor allem unabhängige Hotels haben bessere Angebote für Direktbucher und Pakete mit Zusatzleistungen.

◆ Werden Sie Mitglied! Die meisten Hotelketten verfügen über kostenfreie Treueprogramme, die Vorteile bringen. Für einige kann man sich online registrieren, für andere während des ersten Aufenthalts. Wer oft bucht, der sammelt Punkte, die sich als kostenlose Übernachtungen oder Upgrades auszahlen können. Manche Anbieter geben Mitgliedern bei Direktbuchung Rabatt (z. B. Accor).

Robert Dee, Hospitality Consultant (robertdeeassociates.com)

Allein und glücklich

Mit diesen nützlichen Tipps zahlen Alleinreisende nichts drauf

15

Verhandlung ist alles

Zu Zeiten geringer Auslastung des Hotels oder der Tour, oder wenn Schnäppchenpreise angeboten werden, lohnt es sich, den Anbieter um Erlass des Einzelzimmerzuschlags zu bitten – vielleicht haben Sie Glück.

Nutzen Sie die Neben- oder Zwischensaison

Außerhalb der Hochsaison haben Sie mehr Verhandlungsmöglichkeiten. Ist das Hotel kaum belegt, vermieten Inhaber lieber ein Doppelzimmer zum Einzelzimmerpreis, als Sie als Kunden zu verlieren.

Buchen Sie eine Solo-Reise

Veranstalter von Solo-Reisen bieten Gästen die Möglichkeit, sich ein Zimmer mit Mitreisenden zu teilen oder für wenig bzw. ganz ohne Zuschlag ein Privatzimmer zu buchen. Weiterer Vorteil: Alle anderen Reiseteilnehmer sind ebenfalls allein unterwegs. Studiosus Reisen (studiosus.com) und Enchanting Travels (enchantingtravels.de) haben spannende Angebote für Singles und Alleinreisende.

Teilen Sie sich ein Zimmer

Viele Reiseveranstalter bieten Alleinreisenden die Möglichkeit, sich ein Zimmer mit Mitreisenden desselben Geschlechts zu teilen. Über die Hälfte der Reiseteilnehmer bei Intrepid Travel (intrepidtravel.de) und Contiki (contiki.com) sind Solo-Reisende und beide Unternehmen bieten die Möglichkeit des Zimmerteilens an. Bestenfalls findet der Veranstalter keinen geeigneten Zimmergenossen für Sie und Sie bekommen ein Zimmer für sich allein, ganz ohne Zuschlag.

Mehr Tipps für Alleinreisende gibt's in Lonely Planet's Solo unterwegs: Die besten Tipps und Ideen für die perfekte Reise allein.

GELD
SPAREN

Mi casa es tu casa

Ein Land wie ein Einheimischer erleben – mit Haustausch ein Kinderspiel

16

Haustausch ist schon lange ein offenes Reise-Geheimnis. Wer sein Heim mit einer anderen Familie, einem Paar oder einer Einzelperson tauscht, der lernt ein Land aus der Perspektive der Einheimischen kennen und spart dabei noch Geld.

»Haustausch ist ein bisschen wie Online-Dating für Häuser. Das Konzept gibt es schon lange. Wer die Romantikkomödie ›Liebe braucht keine Ferien‹ gesehen hat, der weiß, wie es funktioniert.«

Was ist Haustausch?
Haustausch unterscheidet sich von allen anderen Möglichkeiten des Reisens. Wie der Name schon sagt, tauscht man dabei sein eigenes Zuhause gegen das eines anderen. Noch einfacher ausgedrückt: Du kommst zu mir und ich komm zu dir. Es ist ein bisschen wie Online-Dating für Häuser. Das Konzept gibt es schon lange und hat seine Wurzeln in Lehrer- bzw. Expat-Netzwerken. Wer die Romantikkomödie *Liebe braucht keine Ferien* aus dem Jahr 2006 gesehen hat, der weiß, wie es funktioniert. Der Film führte übrigens zu einem Haustausch-Miniboom.

Haustausch-Communitys basieren meist auf dem Mitgliedschaftsprinzip. Für einen Jahresbeitrag können Sie Ihr Heim so oft tauschen, wie Sie wollen, und es eröffnet sich Ihnen eine ganz neue Ferienwelt mit fantastischen Unterkunftsmöglichkeiten.

Haustauscher lassen sich in drei Gruppen einteilen: Familien, die gern woanders Ferien machen, ohne dabei auf einen Garten, häuslichen Komfort und praktische Annehmlichkeiten zu verzichten; Eltern von erwachsenen Kindern, die wieder Zeit zum Reisen haben; sowie Geschäftsreisende. Alle möchten einen neuen Ort kennenlernen und sich dabei ganz wie zu Hause fühlen.

Du wohnst bei mir, ich wohn bei dir

Auch beim Haustausch schauen Sie sich vor der Buchung das Haus oder die Wohnung, die Umgebung sowie die Bewertungen genau an. Anders als bei gewöhnlichen Urlaubsunterkünften freundet man sich beim Haustausch auch oft mit dem Gastgeber an, schließlich ziehen man ja für kurze Zeit ins Heim des anderen. Dadurch können nicht nur enge Freundschaften entstehen, sondern man respektiert sich gegenseitig und weiß sein Haus in guten Händen. Positive Bewertungen kommen natürlich beiden Parteien zugute.

So bereiten Sie Ihr Zuhause vor

Vor dem Haustausch machen Sie Ihr Heim gästebereit. Es sollte sauber und ordentlich sein, mit frisch bezogenen Betten und gewaschenen Handtüchern. Auch freuen sich Gäste immer über ein paar Grundnahrungsmittel und Toilettenartikel. Haustauscher wissen aber, dass sie in kein Hotel ziehen. Ein paar Details sollte man vorab besprechen, etwa ob und wann eine Reinigungskraft vorbeischaut und wann die Müllabfuhr kommt.

Ben Wosskow, Geschäftsführer von Love Home Swap (www.lovehomeswap.com)

Holen Sie sich Ihr Geld zurück

Es gibt eine Chance, sich etwas rückerstatten zu lassen – nutzen Sie sie!

17

Flug verpasst oder storniert?
Bei Billigtickets bekommt man den Flugpreis meist nicht wieder, doch zumindest Steuern und Gebühren müssen die Airlines zurückerstatten.

Profitieren Sie von Treueprogrammen
Treueprogramme von Airlines und Hotels lohnen sich. Melden Sie sich bei allen an und benutzen Sie sie bei jeder Gelegenheit – auch bei Partnerprogrammen wie zum Beispiel Autovermietungen. Riesige Mengen an Bonusmeilen lassen sich auch durch große Anschaffungen und Einkäufe mit Kreditkarten von Fluggesellschaften sammeln. Aber Achtung: Lesen Sie vorher immer das Kleingedruckte.

Im Urlaub eingekauft?
Je nachdem, wo Sie urlauben, können Sie sich bestimmte Steuern, die Sie auf Ihre Einkäufe bezahlt haben, zurückholen. Vor allem, wenn Sie

mit einer ausländischen Kreditkarte oder EC-Karte bezalt haben. Informieren Sie sich über die jeweiligen Bestimmungen für Ihr Reiseland. Die entsprechenden Formulare bekommen Sie direkt in dem Geschäft, in dem Sie eingekauft haben (ggf. nachfragen). Zahlungen für das Hotel oder ein Mietauto können nicht immer erstattet werden.

Steuerlich absetzbare Reisekosten?
So komisch es klingt, aber es gibt vielleicht Posten auf Ihren gesammelten Urlaubsrechnungen, die Sie steuerlich absetzen können, etwa dann, wenn Sie den Urlaub mit einer Geschäftsreise verbinden. Informieren Sie sich auf der Internetseite Ihres Finanzamts.

Am Ende des Urlaubs noch Geld übrig?
Während das Umtauschen fremder Währungen am Abflughafen oft ein Minusgeschäft ist, lohnt sich ein Umtausch an anderer Stelle im Urlaubsland durchaus, meist ohne Verlust. Oder Sie handeln einen Deal mit einem anderen Reisenden aus – zu legalen Konditionen, versteht sich.

SICHER REISEN

Globale Malariakarte

Man sollte wissen, in welchen Ländern ein besonders hohes Malariarisiko besteht

18

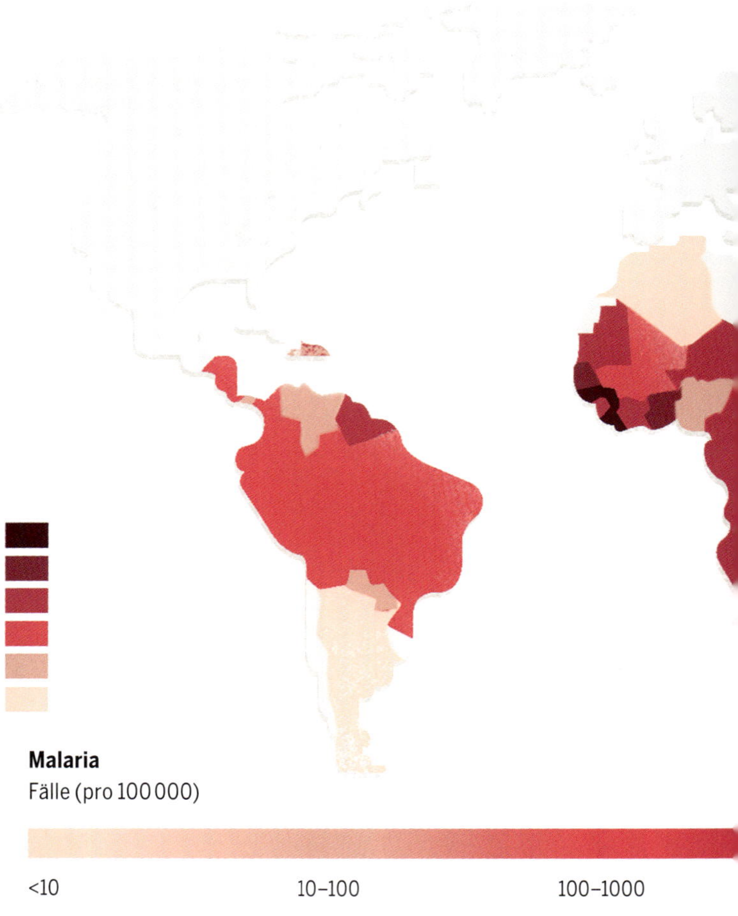

In einigen Regionen sinkt das Malariarisiko zu bestimmten Jahreszeiten. Wenn Sie eine Reise in ein betroffenes Gebiet planen, lassen Sie sich von Ihrem Hausarzt oder Reisemediziner über die richtige Vorbeugung beraten. Vor Ort gilt vor allem eins: Vermeiden Sie Insektenstiche (siehe S. 48).

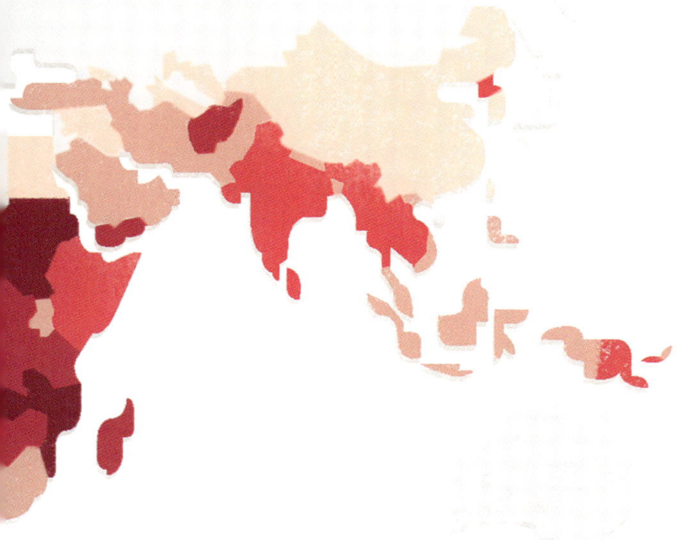

Source: WHO

1000–10,000 10,000–25,000 >25,000

Immer schön gesund bleiben

Krankheiten oder Unfälle passieren – aber es gibt einen einfachen Weg, das Risiko zu minimieren

19

Insektenstiche vermeiden
Wenn Sie in tropische Gefilde reisen, sollten Sie sich stets mit ausreichend Schutzmitteln eindecken. In der Nacht bieten Mücken-Stecker, Räucherspiralen und/oder Moskitonetze einen wirksamen Schutz.

Kleine Notfallapotheke
Für die üblichen Malaisen wie Erkältungen, Grippe, Kopfschmerzen, Allergien oder Verdauungsprobleme empfiehlt sich eine Reiseapotheke.

Risiken richtig einschätzen
Ob Sie das Nachtleben genießen, schwimmen, radeln oder tauchen gehen oder sich aufs Moped oder Motorrad schwingen möchten – ein Grundrisiko ist immer vorhanden, und das ist oft größer als zu Hause, während die medizinische Versorgung meist schlechter ist. Vorsorge ist alles!

Wissen, wo es Hilfe gibt
Medizinischer Rat ist heute jederzeit ganz einfach zu bekommen. Per E-Mail oder SMS können Sie sich etwa über neu aufgetretene Risiken in Ihrem Reiseland informieren lassen.

Hände waschen!
Egal, wo und was Sie essen: Reiben Sie sich die Hände vorher mit etwas Desinfektionsmittel ein, das es in praktischen kleinen Flaschen gibt.

Dr. Richard Dawood, Leiter der Fleet Street Clinic (www.fleetstreetclinic.com), London, und Autor von Travellers' Health: How to Stay Healthy Abroad

Erste-Hilfe-Checkliste

Für alle Fälle gerüstet sein – ein Erste-Hilfe-Set sollte auf keiner Reise fehlen. Einige Vorschläge:

- ☐ Verschreibungspflichtige Medikamente, wenn nötig Malaria-Prävention
- ☐ Paracetamol oder Aspirin für Schmerzen und Fieber sowie Entzündungshemmer (z. B. Ibuprofen)
- ☐ Antidiarrhoika, z. B. für lange Busfahrten
- ☐ Orales Rehydrationssalz
- ☐ Antihistamin-Tabletten und Salben für Allergien und Juckreiz
- ☐ Hydrocortisonpräparat für Stiche
- ☐ Sonnenschutz, auch für die Lippen
- ☐ Insektenschutzmittel
- ☐ Mittel gegen Reisekrankheit
- ☐ Wasserreinigungstabletten
- ☐ Rezeptfreies Mittel gegen Blasenentzündung
- ☐ Aloe Vera, z. B. für Sonnenbrand
- ☐ Heftpflaster in verschiedenen Größen
- ☐ Antiseptische Wundtücher
- ☐ Pinzette, um z. B. Zecken zu entfernen
- ☐ Binden, Schere, Sicherheitsnadeln
- ☐ Blasenpflaster

Wie der Jetlag rasch »verfliegt«

Dr. Richard Dawood, Direktor der Fleet Street Clinic in London, gibt Auskunft

Jede Reise kann stressig und anstrengend sein. Wenig Schlaf, körperliche Strapazen, verändertes Ess- und Trinkverhalten ... darüber hinaus ist man oft in der Gesellschaft fremder Menschen, die unter Umständen Keime weitergeben könnten. All diese Dinge sollten Sie so weit wie möglich vermeiden, indem Sie sich so viel Komfort, Gemütlichkeit und Störungsfreiheit wie nur irgendwie möglich – und bezahlbar – gönnen.

Die Auswirkungen des Überfliegens verschiedener Zeitzonen können ebenfalls Müdigkeit und Schlafstörungen auslösen. Versuchen Sie, Ihren Schlaf-Wach-Rhythmus so einzuhalten, als wären Sie bereits am Zielort. So lässt sich Ihre innere Uhr später besser neu einstellen.

Die Anwendung von Schlafmitteln sollten Sie auf jeden Fall mit Ihrem Arzt besprechen. Nach einem Langstreckenflug von West nach Ost ist es ratsam, das Mittel zur gewohnten Schlafenszeit einzunehmen, in die umgekehrte Richtung hingegen mitten in der Nacht. Es gibt andere verschreibungspflichtige Medikamente wie Modafinil, die wach halten und

bei anstrengenden Reisepassagen hilfreich sein können. Medikamente können natürlich nicht die innere Uhr auf den neuen Tag-Nacht-Rhythmus umstellen, aber sie helfen gegen Müdigkeit und Schlafmangel.

Kein Gluten? Kein Problem!

Eine glutenfreie Ernährung ist für Zöliakiepatienten keine Alternative, sondern ein Muss

22

Das richtige Reiseziel wählen
Reisejournalistin Anita Isalska (www.anitaisalska.com) empfiehlt, sich bei der Wahl des Reiseziels auf zwei Aspekte zu konzentrieren: das Verständnis von Zöliakie vor Ort und die Verfügbarkeit glutenfreier Lebensmittel. »In Italien gibt es ein ausgeprägtes Bewusstsein für die Krankheit, und auch Indien ist ein gutes Reiseziel für Zöliakiebetroffene, da in vielen Gerichten Reis- oder Kichererbsenmehl verwendet wird. Aber Vorsicht beim Naan-Brot: Das besteht häufig aus Weizenmehl.«

Augen auf beim Essen
Am besten erkundigt man sich im Reiseland nach kulinarischen Gewohnheiten. »Sojasoße enthält oft Weizen«, klärt Isalska auf. »In vielen Ländern der Welt werden Speisen mit Mehl oder Semmelmehl paniert oder bestreut, da muss man schon beim Bestellen aufpassen.« Viele leckere Spezialitäten wie französische Galette (Buchweizenpfannkuchen) und äthiopisches *injera* werden aber traditionell aus glutenfreiem Mehl zubereitet. Trotzdem sollte man vorsichtshalber nachfragen.

Vorbereitung ist alles
Isalska sagt dazu: »Nachfragen heißt, sich lieber zwei oder dreimal nach den Zutaten zu erkundigen. Besonders hilfreich ist eine kleine Karte, auf denen die eigenen Ernährungsbedürfnisse in der einheimischen Sprache notiert sind.« Weiterer Tipp: Für Notfälle kann man immer einen kleinen Vorrat an glutenfreien Snacks bei sich haben.

Fitness-Übungen für unterwegs

Keine Zeit, keinen Platz, kein Fitnessstudio? So bleiben Sie trotzdem fit!

23

Katherine McNabb (bodyfixphysio.co.uk) zeigt Übungen, die Sie überall durchführen können – im Hotelzimmer genauso wie in der Flughafen-Lounge.

Dehnübung für die Hüfte

◆ Mit einem Bein auf den Boden knien, das andere Bein nach vorne ausstrecken, den Fuß aufsetzen.

◆ Gesäßmuskeln anspannen, Hüfte vorsichtig nach vorne schieben.

◆ Bein wechseln und wiederholen.

Nackendehnung:

◆ Gerade hinsetzen und das Kinn leicht anziehen.

◆ Den Kopf mit der Hand zur Seite ziehen, ohne ihn zu drehen, und die Nackenmuskeln strecken.

◆ Schultern dabei nicht anziehen und zehn Sekunden halten.

Strecken und beugen

◆ Einen Arm so weit wie möglich nach oben strecken.

◆ Behutsam zur Seite beugen, um die Dehnung zu intensivieren.

◆ Zehn Sekunden halten, dann Seitenwechsel.

Wadendehnung:

◆ Beide Hände an eine Wand stützen, ein Bein hinter das andere und die Füße flach auf den Boden stellen.

◆ Das Gewölbe des hinteren Fußes anheben – stellen Sie sich vor, unter dem Gewölbe liegt eine Erdbeere, die Sie nicht zerquetschen dürfen!

◆ Das hintere Knie durchstrecken und sich leicht nach vorn beugen, um die Dehnung in der Wade zu spüren. Fußgewölbe angehoben lassen und Position zehn bis zwanzig Sekunden halten.

◆ Seitenwechsel.

Brücke

◆ Mit aufgestellten Beinen auf den Rücken legen, die Füßen stehen flach auf dem Boden.

◆ Becken anheben und oben halten, wie eine Brücke. Die Arme lang neben dem Körper ausstrecken.

◆ Zu einfach? Dann ein Bein ausstrecken. Das Becken bleibt dabei oben, nicht verdrehen.

◆ Zehn Sekunden halten, dann Beinwechsel.

»Die Tischplatte«

◆ Im Vierfüßlerstand den Rücken gerade machen wie eine Tischplatte.

◆ Ein Bein vom Boden abheben und nach hinten ausstrecken, gleichzeitig den jeweils anderen Arm gerade nach vorne ausstrecken. Nacken und Kopf bleiben gerade in Verlängerung der Wirbelsäule, Blick nach unten.

◆ Zehn Sekunden halten, dann Seitenwechsel.

Als Frau allein auf Reisen

... bringt jede Menge Spaß!

24

Sich allein auf eine große Reise zu begeben ist besonders für Frauen eine Überwindung, nicht zuletzt wegen der Sorge um die eigene Sicherheit. Lassen Sie sich davon aber bitte nicht abschrecken! Alleine reisen, egal ob als Frau oder als Mann, ermöglicht tolle neue Erfahrungen, die stark machen: jede Situation alleine meistern, ungewöhnliche Freundschaften schließen, jederzeit tun und lassen können, was Sie wollen. Damit alles gut klappt, sollten Sie aber immer die folgenden Tipps im Hinterkopf behalten:

1 Planen Sie im Voraus: was Sie am besten anziehen; wann Sie am besten reisen, um nicht mitten in der Nacht an einem fremden Ort anzukommen; wie Sie es anstellen, immer genügend Geld bei sich zu haben, und so weiter.

2 Informieren Sie sich darüber, was in einer Kultur schicklich ist und was nicht. So vermeiden Sie negative Aufmerksamkeit.

3 Nachdem Sie sich gut informiert haben, benutzen Sie dieselben Sicherheitsregeln wie zu Hause: Verlassen Sie sich getrost auf Ihr Bauchgefühl. Nichts schützt Sie besser als Ihre weibliche Intuition.

4 Vergessen Sie nie, warum Sie allein losgezogen sind, und freuen Sie sich darüber. Dieses Gefühl wird Sie durch die Reise tragen und Ihnen helfen, immer die richtigen Entscheidungen zu treffen – wohin als Nächstes, wem schließe ich mich an? Eine positive Grundhaltung öffnet Türen!

Imogen Hall, Reiseautorin

Streetfood ohne Reue

In Garküchen und an Imbissständen gibt's oft die leckersten Köstlichkeiten. Hier sind unsere Tipps: 25

◆ Geben Sie Ihrem Körper ein paar Tage Zeit, um sich auf die einheimische Küche einzustellen. Das gilt besonders, wenn Sie nicht an den Verzehr einer bestimmten Zutat gewöhnt sind. Warten Sie lieber mehrere Tage, bevor Sie sehr ungewöhnliche Speisen probieren.

◆ Bei Street Food folgt man am besten der Herde. Meiden Einheimische einen Verkäufer, dann sollten Sie das auch tun. Schauen Sie außerdem, wer wo isst. Ein bei Familien beliebtes Lokal ist oft die sicherste Wahl.

◆ Benutzt der Koch Öl, überprüfen Sie dessen Sauberkeit. Schmutzige Oberflächen und Töpfe, Lebensmittelreste oder viele Fliegen sind ein Zeichen, dass Sie schnell Reißaus nehmen sollten.

◆ Lassen Sie sich aber nicht abschrecken, wenn Sie frittierte Snacks bestellen und der Koch diese wieder zurück ins heiße Öl wirft. Oft werden sie nämlich vorfrittiert und erst bei Bestellung zu Ende gegart.

◆ Fleisch sollte man nur dann auf der Straße essen, wenn der Stand gut aussieht und viele Kunden hat. Auch hier gilt: Folgen Sie der Herde.

◆ Saftverkäufer gibt's auf der ganzen Welt, aber die Hygienestandards variieren von Stand zu Stand. Der Verkäufer sollte das Obst vor Ihren Augen auspressen, bereits fertige Säfte in Krügen sollten Sie meiden.

◆ Lassen Sie sich nicht vom ach so saftigen Stück Melone oder anderen aufgeschnittenen Früchten verführen. Um so appetitlich auszusehen, werden diese nämlich mit Wasser (oft von zweifelhafter Herkunft) besprüht. Am besten kaufen Sie Obst selbst und schneiden es mit einem von Ihnen gewaschenen Messer auf, fertig.

Vegan auf Achse

Drea Duclos (ohdeardreablog.com) weiß Bescheid über veganerfreundliche Länder:

Land	Was sagen	Was bestellen	Achtung
Vereinigtes Königreich	Auf Bestellung können Hauptgerichte immer öfter vegan zubereitet werden. Also: einfach fragen.	Salate, Gemüsegerichte, Baked Beans auf Toast.	Honig findet man oft in Knuspermüsli und auf Haferschleim.
Mexiko	Bestellen Sie alles *sin queso* (ohne Käse).	Vegane Versionen mexikanischer Klassiker wie z. B. Nachos, Chili und *mole*.	*asiento* oder *manteca* ist Schweineschmalz und oft in Tortillas und Bohnengerichten zu finden.
Frankreich	*Pouvez-vous préparer un repas vegan?* – »Können Sie ein veganes Gericht zubereiten?«	Schauen Sie in großen Städten nach neueröffneten Lokalen, die saisonale Küche anbieten.	Die Bezeichnung *végétalien* auf Lebensmitteletiketten verweist ebenfalls auf vegane Produkte.
Indien	Beim Erklären Ihrer Ernährungsweise kann es helfen, wenn Sie sich auf fleischlose Religionen wie den Jainismus beziehen.	Currys, Suppen, *dhal*, *thoran* etc. Die Liste ist endlos!	Manchmal sind vegane Speisen schwer zu erkennen. Ghee und Joghurt werden oft zum Kochen benutzt.

Land	Was sagen	Was bestellen	Achtung
Indonesien	*Saya tidak makan daging* – »Ich esse kein Fleisch.« Das bezieht sich zwar nicht konkret auf Veganismus, ist aber nützlich.	*Tempeh*, Reis, Tofu, Nudeln und viele Gemüsegerichte.	Geben Sie beim Bestellen genau an, was Sie nicht essen. Es ist okay, eine Liste dabeizuhaben.
Jamaika	Fragen Sie Rastafaris, wo man gut essen kann. Diese folgen *Ital*, einer fast veganen Ernährungsweise.	Frisches Obst, Reis, Bohnen und Kochbananen sind fester Bestandteil der karibischen Küche.	In Soßen und Marinaden wird manchmal Honig verwendet.
USA	In nicht ausschließlich veganen Restaurants sollte man nachfragen, ob die Gerichte Ei oder Milch enthalten.	In Zentren des Veganismus wie den Städten Kaliforniens gibt's eine riesige Auswahl an erstklassigen Angeboten.	Außerhalb der Großstädte sind vegane Optionen oft begrenzt.
Marokko	*Makanakūlsh lhem/makla lī fihā halīb* – »Ich esse kein Fleisch/keine Milchprodukte.«	Gemüse-Tajine, Couscous, Oliven, fleischlose *harira*-Suppe.	Nicht alle Gemüsegerichte sind fleischlos.

PANNEN VERMEIDEN

Die angenehmen Seiten der Regenzeit

Ungestörter Urlaubsgenuss ohne Touristenmassen – und trotzdem braun werden!

27

Die Regenzeit, so hört man immer wieder, sei nicht gerade die beste Reisezeit. Klar, es wird nass werden, und wer will schon einen nassen Urlaub? Aber halt, es lohnt sich, etwas genauer hinzuschauen. In Thailand beispielsweise kommt der große Regen meist in der Nacht, und das heißt: Tagsüber finden Sie ruhige Strände unter blauem Himmel.

Chris McIntyre, Geschäftsleiter von Expert Africa (www.expertafrica.com), rät: »Reisen Sie in der Trockenzeit, sehen Sie Tiere an Wasserlöchern, die Vegetation ist spärlich und es ist auch nicht viel los.

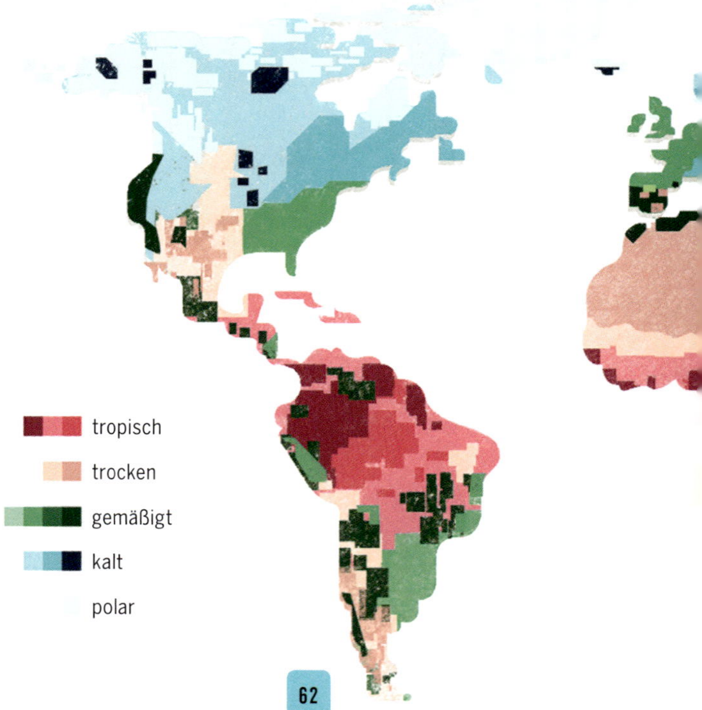

Reisen Sie in der Regenzeit, erleben Sie, wie alles zu blühendem Leben erwacht – ein wahrhaft magisches Erlebnis.« Und natürlich sind Naturschauspiele wie Wasserfälle in der Regenzeit besonders spektakulär.

Manche Unterkünfte haben zur Regenzeit geschlossen, bei den übrigen locken dafür umso bessere Angebote. Besonders bietet sich das an, wenn die Regenzeit in einem Land in unsere Hauptferienzeit fällt – in den Monaten Juli und August ist es etwa in Indien heiß und schwül.

Informieren Sie sich vorab über die klimatischen Bedingungen, die Sie in Ihrem Reiseland erwarten, denn das Mikroklima kann sich von einer Region zur nächsten radikal ändern – sprechen Sie mit Einheimischen oder Menschen, die schon einmal dort waren.

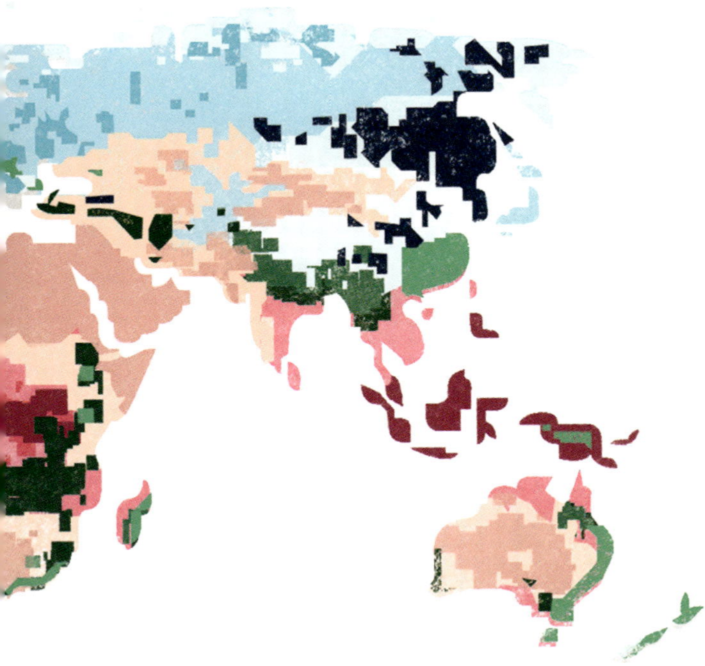

Reklamieren – aber richtig

Vom Meister des Beschwerdebriefs die feine Art des Beschwerens lernen

28

Keine falsche Scheu
Vergessen Sie nicht, dass Sie viel Geld bezahlt haben. Falls etwas nicht in Ordnung ist, sagen Sie es deutlich.

Je früher, desto besser
Haben Sie Grund zur Beschwerde, sagen Sie umgehend Bescheid. Reiseunternehmen reagieren meist prompt. Spätere Reklamationen werden möglicherweise nicht anerkannt.

Soziale Netzwerke nutzen
Für den Kundenservice werden Twitter und Co. immer wichtiger. Registrieren Sie sich vor der Abreise, folgen Sie den entsprechenden Seiten und kommunizieren Sie dort mit den Betreuern.

Ruhe bewahren
Es bringt nichts, laut zu wettern. Bleiben Sie höflich, aber bestimmt. Immer!

Schriftlich beschweren
Mit einem gut formulierten, humorvollen Brief überzeugen Sie sicher am ehesten. Bewahren Sie die gesamte Korrespondenz auf.

EU-Fluggastrechteverordnung
Fliegen Sie in die EU oder starten Sie dort? Dann lohnt es sich, die Fluggastrechteverordnung zu kennen, denn es besteht unter Umständen ein Anspruch auf Entschädigung bei verspäteten oder ausgefallenen Flügen.

Ingrid Stone, Autorin von Letters of a Dissatisfied Woman (lettersofadissatisfiedwoman.com)

Alles abgedeckt!?

Worauf Sie bei einer Reiseversicherung achten sollten

Um die Versicherung sollten Sie sich unterwegs keine Gedanken machen müssen – aber unbedingt vor der Abreise! Unterwegs ist es mühsam, Versicherungen abzuschließen, weshalb man das schon zu Hause erledigen sollte.

Ist Ihr Reiseziel inbegriffen?
Hört sich trivial an, ist aber, vor allem bei Ländern außerhalb Europas, nicht selbstverständlich.

... und alle Aktivitäten?
Sie wollen Ski fahren? Tauchen? Oder klettern? Stellen Sie sicher, dass diese Aktivitäten mitversichert sind. Achten Sie auf eventuelle Beschränkungen etwa für das Fahren abseits der Piste. Am besten planen Sie die Aktivitäten schon im Voraus, damit Sie vor Ort für alles abgesichert sind.

Wie hoch ist die Versicherungssumme?
Die Versicherungssumme für medizinische Leistungen, die Sie sowieso nie brauchen werden, mag Ihnen geradezu astronomisch hoch erscheinen. Bedenken Sie aber: Es geht hier immer um den schlimmstmöglichen Fall. Für USA-Reisen empfiehlt sich die höchstmögliche Summe, denn medizinische Versorgung ist dort sehr teuer.

Unterlagen mitnehmen!
Nehmen Sie die Dokumente mit und legen Sie online eine digitale Kopie ab, beispielsweise in Ihrem E-Mail-Account. Speichern Sie die Nummer Ihrer Versicherung in Ihr Handy ein.

Kein Anspruch bei Trunkenheit!
Achtung: Viele Versicherungen greifen nicht, wenn Sie betrunken sind oder unter Drogen stehen.

Reinfall in den Flitterwochen – und wie Sie ihn vermeiden

So wird Ihre erste Reise als frisch vermähltes Ehepaar zum Traumurlaub

30

Dieser traumhafte Strand. Nur Sie und Ihre frischgebackene bessere Hälfte. Liebesglück pur. Hoffentlich. Denn in den Flitterwochen geht erstaunlich oft viel schief. Das lässt sich aber verhindern!

Gemeinsam planen

Der Klassiker: Einer plant die Hochzeit, der andere die Reise. Bei gemeinsamer Planung aber wird der Trip am ehesten Ihnen beiden gefallen.

Beach Blues

Eine Hochzeit kann stressig sein und den Wunsch auslösen, sich schon bald an einem Strand zu aalen. Doch das Abschalten gelingt meist besser, wenn Sie zunächst eine Stadt besuchen oder sportlichen Aktivitäten nachgehen.Auch etwas Luxus zu Beginn schadet nicht.

Träume erfüllen

Sie wollten schon immer auf Madagaskar Lemuren beobachten? Oder Kajak fahren in Alaska? Tun Sie's! Es muss doch nicht immer Strand sein.

Beschenken lassen

Damit Ihre Freunde Ihnen nicht doppelt und dreifach Toaster und Brotbackautomaten schenken, kann man sich auch einen Online-Hochzeitstisch anlegen und sich so etwa eine Reise wünschen – eine großartige Alternative.

Vor der Abreise

Hat sich mit der Hochzeit Ihr Nachname geändert? Dann vergewissern Sie sich, dass alle Reservierungen mit dem Namen auf Ihrem Reisepass übereinstimmen.

Upgrade gefällig?

Hier die Wahrheit: Die meisten Flitterwochen bestehen nicht aus endlosen Upgrades. Trotzdem kann es nicht schaden, an Flughäfen, Hotelrezeptionen und eigentlich bei jedem Dienstleister ganz nebenbei zu erwähnen, dass Sie sich in den Flitterwochen befinden. So öffnet sich Ihnen vielleicht ein Türchen oder Sie bekommen etwas extra. Flitterwochen sind (in den meisten Fällen) immerhin eine einmalige Sache.

Buchtipp

Ab in die Flitterwochen! Lonely Planets Handbuch für die schönste Reise des Lebens ist vollgepackt mit unzähligen Flitterwochenideen, genauso wie die Websites www.101honeymoons.co.uk und The Honeymoon Project (thehoneymoonproject.com).

Eine Kreuzfahrt, die ist lustig

Interview mit Carolyn Spencer Brown, Strategin für Content bei Cruise Critic

31

Wie haben sich Kreuzfahrten in den letzten 20 Jahren verändert?
Kreuzfahrten haben einen enormen Wandel durchlaufen. Erstens zeigen bekannte Anbieter mit toll ausgestatteten Schiffen, dass das Kreuzfahren wirklich Spaß macht, und zweitens legen die besten Veranstalter genauso viel Wert auf das Reiseziel wie auf die Fahrt selbst. In meinem Job informiere ich mich ständig über Kreuzfahrten mit kleinen und mittelgroßen Schiffen und erkläre den Lesern die Vorteile. Bei ihnen geht es vor allem um das Reiseziel und was passiert, wenn man dort ankommt.

Welche Fehler machen Kreuzfahrtnovizen häufig beim Buchen?
Der größte Fehler ist es, sich ausschließlich nach dem Preis zu richten. Man sollte sich stattdessen nach einem Veranstalter umsehen, der den eigenen Vorlieben entspricht, und schauen, was dieser bietet. Wenn man fünfzig Euro pro Tag weniger bezahlt, aber die Kreuzfahrt weder die eigenen Interessen widerspiegelt noch an ein Ziel fährt, das einem gefällt, dann hat man an der falschen Stelle gespart.

Wie kann man eine Kreuzfahrt auf die eigenen Bedürfnisse abstimmen?
Bei der ersten Planung kann es schwierig sein, die Unterschiede zwischen verschiedenen Kreuzfahrten und Anbietern zu verstehen, denn Prospekte und Websites sind oft verwirrend. Die wichtigsten Aspekte sind die Größe des Schiffs, welche Ziele es anfährt – und die Länge des Aufenthalts dort – sowie die Angebote an Bord und an Land. Kreuzfahrten sind eine Form des Reisens, bei der sich der Besuch eines erfahrenen Reisebüros auszahlt. Stellen Sie viele Fragen und überlegen Sie, welche Aktivitäten und Regionen Sie interessieren. Basierend auf Ihren Vorlieben, Ihrem Budget und der Jahreszeit, zu der Sie fahren möchten, kann Ihnen ein Experte Vorschläge machen, an die Sie selbst gar nicht gedacht hätten.

Auf welche Extras (z. B. Flüge, Autotransfer, Exkursionen) sollte man beim Buchen achten?
Einer der größten Irrtümer ist, dass Kreuzfahrten all-inclusive sind. Das stimmt nicht und kann eine böse Überraschung sein. Aktivitäten, Exkursionen und Trinkgeld sind normalerweise zusätzliche Ausgaben, die man einplanen muss. Als Spartipp kann man nach Reisebüros oder Kreuzfahrtlinien suchen, die solche Extras als Paket verkaufen.

Gibt es wichtiges kreuzfahrtspezifisches Gepäck?
Kreuzfahrten sind inzwischen etwas zwangloser, aber die meisten Schiffe haben nach wie vor eine Kleiderordnung, deren Durchsetzung allerdings oft variiert. Halten Sie beim Buchen danach Ausschau. Die meisten Schiffe verfügen über US-amerikanische Steckdosen, für welche man einen Adapter braucht. Bibliotheken auf Kreuzfahrtschiffen wurden größtenteils verkleinert, deshalb empfiehlt sich ein E-Book-Reader oder Tablet mit elektronischen Büchern. Verlässliches günstiges WLAN gehört auf Kreuzfahrten noch nicht zum Standard, aber das sollte sich in den nächsten paar Jahren ändern.

Auf Schienen durch die Welt

Expertentipps vom berühmten *Man in Seat 61*

32

Im Gegensatz zur Flugbuchung, die überall auf der Welt fast gleich abläuft, wird man beim Reservieren einer Zugreise gleich mit landesspezifischen Eigenarten konfrontiert. Vor allem in Europa kann eine längere Bahnfahrt aufgrund verschiedener Zugbetreiber schon mal zum Puzzlespiel werden. Am besten sucht man sich die Fahrpläne über die Deutsche Bahn (www.bahn.de) heraus und kauft die Fahrkarten über loco2.com oder www.trainline.eu.

Individuelle Fahrten sind fast immer einfacher zu buchen und preiswerter als ein Bahnpass. Dieser lohnt sich oft nur, wenn man jünger als 26 und flexibel hinsichtlich des Reisezeitraums ist und große Entfernungen zurücklegen will. In einigen Zügen – vor allem in Frankreich – gibt es Kontingente für Bahnpassinhaber.

Eine Reise mit dem Hochgeschwindigkeitszug heißt nicht, dass man die schönsten Landschaften verpasst, weil sie in Sekundenschnelle vorbeirauschen. Viele Schnellzüge fahren nur auf bestimmten Streckenteilen mit Höchstgeschwindigkeit und drosseln auf schwierigeren oder interessanten Abschnitten ihr Tempo. Normale Bahnen fahren z. B. entlang des Rheins nicht viel langsamer als die Schnellzüge.

Planen Sie Zugfahrten tagsüber, um die Aussicht aus Ihrem Abteilfenster genießen zu können. Das heißt nicht, dass Sie ganz auf Schlafwagen verzichten müssen. Diese sind und bleiben einer der romantischsten Aspekte des Zugfahrens und sparen eine Nacht im Hotel. Viele Routen passieren malerische Abschnitte am Morgen, wie zum Beispiel die Strecke von Belgrad nach Bar.

»Eine Reise mit dem Hochgeschwindigkeitszug heißt nicht, dass man die schönsten Landschaften verpasst. Viele Schnellzüge fahren nur auf einigen Streckenteilen mit höchster Geschwindigkeit und drosseln sonst ihr Tempo.«

Generell gilt, dass der frühe Vogel den Wurm fängt. Je eher Sie buchen, umso weniger bezahlen Sie. In Australien, den USA und Kanada kann bis zu 11 Monate, in Indien und fast ganz Westeuropa bis zu 120 Tage im Voraus reserviert werden. Auch nach Sparangeboten auf den Seiten der Zugbetreiber sollte man Ausschau halten.

Mark Smith, Gründer der Zugreisen-Website www.seat61.com

Gut gerüstet gegen Diebstahl und Datenklau

Diebe setzen auf Ahnungslosigkeit – informieren Sie sich!

33

Oberstes Gebot: Seien Sie schon im Alltag immer auf der Hut. Jeden Tag. Rund um die Uhr. Das bedeutet, dass Sie Ihr Verhalten im Urlaub erst gar nicht ändern müssen. Lassen Sie etwa Ihre Kreditkarte nie aus den Augen (z. B. im Restaurant) und legen Sie Ihr Handy in Cafés und Kneipen nicht auf den Tisch, es wird sonst zur leichten Beute für Langfinger. Hängen Sie Ihre Tasche (oder Ihre Jacke mit Wertsachen in den Taschen) besonders auf Außenterrassen nicht über die Stuhllehne.

Zweites Gebot: Möglichst nicht auffallen, um gar nicht erst ins Visier zu geraten. Das heißt: Tragen Sie unauffällige oder landestypische Kleidung (keine Shorts mit Hawaii-Hemd in Paris). Gehen Sie nicht mit der Kamera um den Hals durch die Straßen. Schauen Sie nicht in aller Öffentlichkeit auf Karten – machen Sie das besser diskret in einem Café, oder lassen Sie sich von ihrem Handy über Kopfhörer navigieren.

Es kann nicht schaden, ein paar Brocken der Landessprache zu sprechen (z. B. »Saya tinggal di Bali«, »Ich lebe auf Bali«; oder ganz allgemein »Ich bin von hier« für das entsprechende Reiseland). Das macht Eindruck und schreckt zwielichtige Typen ab.

Verwenden Sie eine Handtasche mit Innentaschen, damit Ihre Geldbörse nicht ohne Weiteres zu greifen ist. Tragen Sie sie am besten quer über Schulter und Brust, damit sie Ihnen nicht im Vorbeigehen geklaut werden kann.

Catherine Le Nevez, Lonely Planet- und Reisebuchautorin

Abzockversuche und Trickbetrug

Vorsicht bei allem, das zu schön klingt, um wahr zu sein!

Auch wenn Sie im Ausland meist achtsamer und damit sicherer unterwegs sind als zu Hause, gibt es ein paar internationale Maschen, auf die Sie vielleicht trotzdem reinfallen.

◆ **Die Masche: falsche Polizei.**
Manchmal ist es sogar die echte Polizei, die bei der Passkontrolle etwas am Visum auszusetzen hat, dann aber verspricht, dass der Spuk vorbei ist, wenn Sie eine Geldstrafe bezahlen. Direkt an sie. In bar. Sofort.

Was tun? Standhaft bleiben und anbieten, mit aufs Revier zu kommen, um alles zu klären. Und damit hat sich die Sache dann meist erledigt.

◆ **Die Masche: günstige Diamanten oder Teppiche.**
Oft begleitet von einem übereifrigen Taxi- oder Rikschafahrer, wird man beim Betreten eines Geschäfts mit einem derart guten Angebot überrumpelt, dass man es unmöglich ausschlagen kann.

Was tun? Nicht beirren lassen – die Juwelen sind wertlos und der Teppich wird nicht mal den Heimtransport überstehen. Es gibt seriöse Händler für diese Dinge, und die würden sich nie so verhalten.

◆ **Die Masche: Vogeldreck**
Platsch! Da ist es passiert, und schon eilt ein Fremder herbei, der mit einem Tuch eifrig an Ihnen herumwischt. Und dabei merken Sie gar nicht, wie Ihre Wertsachen entwendet werden – auf Nimmerwiedersehen.

Was tun? Sehen Sie zu, dass Sie weiterkommen, und schlagen Sie jede Hilfe aus, auch wenn Sie wirklich ein Vogel erwischt haben sollte.

So überleben Sie eine Gruppenreise

Frei und unabhängig, auch in der Gruppe – wie das geht, erklärt Emma Sparks von lonelyplanet.com

35

Bleiben Sie neugierig

Wenn sich ein Reiseveranstalter um alles kümmert, wird man schnell zum Passivtouristen. Das kann entspannend sein, solange man dabei nicht den Reiseablauf aus den Augen verliert. Man sollte Sie sich trotzdem vorher über das Reiseziel informieren (auch ein Reiseführer kann nicht schaden), sodass man immer auf dem Laufenden ist. Stellen Sie Ihrem Reiseleiter viele Fragen, um Zusammenhänge besser zu verstehen und ein paar extra Tipps zu erhaschen – Insiderwissen ist Gold wert!

Freunden Sie sich mit Ihrem Reiseleiter an

Eine gute Kommunikation mit Ihrem Guide kann aus einer guten Reise eine tolle Erfahrung machen. Vergewissern Sie sich, dass er oder sie Ihre Bedürfnisse kennt (z. B. bestimmte Ernährungsweisen, Reisekrankheit, Allergien) und Ihnen so dabei helfen kann, froh und munter zu bleiben. Erklären Sie, was die Ziele Ihrer Reise sind, z. B. viel neues Essen probieren oder Architektur entdecken. Ein guter Reiseleiter hilft Ihnen dabei, Ihre Wünsche zu erfüllen. Und zu guter Letzt: Hören Sie bei Anweisungen gut zu, das liegt im Interesse aller.

Bleiben Sie unvoreingenommen

Viele verschiedene Menschen entscheiden sich für kleine Gruppenreisen, lassen Sie Ihre Vorurteile also am Flughafen. Sie werden sich sicherlich in einer bunten Truppe aus unterschiedlichen Nationalitäten, Altersgruppen und Persönlichkeiten wiederfinden. Haben Sie Geduld mit Ihren Mitreisenden und hören Sie sich deren Meinungen über das Reiseziel an. Wer weiß, vielleicht finden Sie sogar Freunde fürs Leben.

Folgen Sie nicht der Herde

Bei Gruppenreisen gilt: Sie müssen nicht alles mitmachen. Natürlich kann man mit dem Strom schwimmen, aber niemand kann Sie dazu zwingen, zum fünften Tequila in einer Kellerbar zu bleiben, wenn

Sie eigentlich nur ins Bett wollen. Zeit allein tut gut und gibt Ihnen eine kurze Verschnaufpause von einer eventuell sehr intensiven Gruppendynamik. Wenn Sie sich lieber entspannen wollen, lassen Sie die Morgenaktivität aus und genießen Sie stattdessen mal leckeres Streetfood an einem Imbiss statt im gruppenfreundlichen Restaurant.

Taschengeld nicht vergessen
Schauen Sie sich den Reiseplan genau an und nehmen Sie genügend Taschengeld für extra Mahlzeiten oder fakultative Aktivitäten mit. Viele Tourguides und Fahrer sind vom Trinkgeld abhängig – wenn sie ihre Arbeit gut gemacht haben, dann seien Sie ruhig großzügig.

Mach's gut, Einsamkeit!

Fünf Tipps gegen den Alleinreise-Blues

36

1 Verwöhnen Sie sich
Übernachten Sie ab und zu mal in einem hübschen Hotel oder besuchen Sie ein Wellnessbad. Genießen Sie den Moment.

2 Machen Sie eine Liste
Konzentrieren Sie sich auf Ihr Vorhaben. Warum sind Sie unterwegs? Erstellen Sie einen Aktionsplan.

3 Rufen Sie zu Hause an
Manchmal reicht es schon, eine vertraute Stimme zu hören.

4 Schwitzen Sie die Einsamkeit heraus
Es gibt keinen besseren Stimmungsaufheller als den Endorphinrausch nach körperlicher Bewegung.

5 Bitte lächeln!
Einfach, aber wahr: Ein Lächeln öffnet Herzen.

Die Kunst des Feilschens

Wenn es keinen Spaß macht, dann stimmt etwas nicht 37

In vielen Ländern der Welt gehört das Feilschen oder Schachern zum Alltag. Wenn Sie sich anfangs nicht so recht mit dem Verhandeln anfreunden können, dann denken Sie daran: Es ist eine Art Spiel, das Sie nicht zu ernst nehmen sollten.

Lassen Sie sich, wenn möglich, vom Verkäufer einen Preis nennen. Dann bieten Sie ihm die Hälfte. Der endgültige Verkaufspreis hängt vor allem von den Einkaufskosten des Händlers und seinem angestrebten Gewinn ab und liegt irgendwo dazwischen. Hier beginnt ein freundliches Hin und Her, bis Sie sich auf den Preis einigen.

Das Feilschen verpflichtet nicht zum Kauf. Allerdings gilt es als unhöflich, den Verkauf abzubrechen, wenn der Verkäufer Ihrem vorgeschlagenen Preis zustimmt. Sind Sie aber mit dem Tiefstpreis des Händlers nicht einverstanden, dann gehen Sie einfach weiter oder versuchen Ihr Glück im nächsten Lokal. Einfach weiterzugehen ist übrigens eine gute Taktik. Wenn Sie der Verkäufer nicht zurückruft, dann waren Sie beide wahrscheinlich sehr weit von einer Übereinkunft entfernt. Ein bisschen Theater kann auch nicht schaden: Kränkung oder Schock vorzutäuschen, gehört zum Spiel dazu.

Die Tageszeit kann ebenfalls über Erfolg oder Misserfolg entscheiden. Für viele Händler ist ein zufriedenstellender Verkauf an den ersten Kunden ein gutes Omen für den restlichen Tag, deshalb kann man am Morgen oft Schnäppchen machen. Aber auch Abendstund hat beim Feilschen Gold im Mund. Dann senken Händler nämlich gern die Preise, um den Tag mit einem guten Verkauf zu beenden.

Um den Deal zu besiegeln, können Sie den Verkäufer zudem um Beigabe eines zusätzlichen Artikels bitten. Für erfahrene Feilscher kann das sogar der Artikel sein, den man ursprünglich haben wollte, während man um einen weniger begehrenswerten handelte.

Hier der wichtigste Grundsatz des Feilschens: Bleiben Sie gelassen! Für Sie ist die Preisdifferenz wahrscheinlich recht gering, aber für den Verkäufer kann sie einen großen Unterschied machen. Haben Sie Spaß beim Verhandeln, aber jagen Sie nicht nach Preisen, die für den Händler einen Verlust darstellen. Feilschen ist wie ein Tanz und das Ziel ist die beidseitige Zufriedenheit.

Joe Bindloss, Reiseredakteur bei Lonely Planet

Mit Freunden reisen

... ohne sich auf die Nerven zu gehen

38

Erwartungen klären
Wie stellen Sie sich die Reise vor? Stadtbummel oder Strandtage? Trifft der Superaktive auf den Relaxten, kann es schnell zu Konflikten kommen. Überlegen Sie sich genau, was Sie sich von der Reise erhoffen und reden Sie in der Gruppe darüber.

Budget festlegen
Leider ist Geld (und wie man es ausgibt) oft der letzte Tropfen, der das Fass sogar unter Freunden zum Überlaufen bringt. Schon vor der Planung sollte man sich einigen, welche Summen für Unterkunft, Verpflegung und Transport ausgegeben werden sollen. Am wichtigsten ist, dass sich jeder damit wohlfühlt.

Kein Gruppenzwang
Es ist total in Ordnung, sich aufzuteilen, sodass jeder tun kann, was er will. Schlechte Stimmung entsteht nämlich schnell, wenn sich einer ständig nach dem anderen richtet. Frust lässt sich abbauen, indem jeder eine Zeit lang sein eigenes Ding macht – egal ob für drei Stunden oder drei Tage.

FAIR REISEN

Einmal ohne Flug, bitte!

Wer lieber nicht hoch in die Luft möchte, für den gibt's hier ein paar tolle Alternativen

»Überlandreisen mit Wohnmobil, Auto, Bus und sogar zu Fuß erleben momentan eine Renaissance.«

Schiff ahoi!

Wählen Sie eine Kreuzfahrt, zu der Sie nicht fliegen müssen. Oder probieren Sie es mal mit einem Frachtschiff, einer einzigartigen und umweltfreundlichen Alternative zum Fliegen. Verschiedene Reedereien nehmen eine bestimmte Anzahl Passagiere auf Ihre Routen mit. Mit einer Kreuzfahrt hat die Reise auf dem Containerschiff aber kaum etwas zu tun, darüber sollten Sie sich im Klaren sein. Passagiere sind während der langen Tage an Bord auf sich allein gestellt, die Verpflegung ist einfach und gegessen wird mit der Besatzung.

Der gute alte Drahtesel
Immer mehr Abenteuerlustige entdecken das Radwandern für sich. Oft reicht es dabei schon, einfach von zu Hause aus loszufahren. Wer etwas weiter weg will, der kann sein Rad problemlos mit in den Zug oder auf die Fähre nehmen. Mehr Infos gibt's auf bikepacking.com.

Quer durchs Land
Verbesserte Straßenverhältnisse haben Überlandreisen mit Wohnmobil, Auto, Bus und sogar zu Fuß zu einer Renaissance verholfen. Mit Overland-Trucks lassen sich die wichtigsten Backpackerrouten der Welt befahren, und obwohl man um einen Flug üblicherweise nicht herumkommt, ist die Fahrt an sich das große Abenteuer. Besonders in Zentral- und Südamerika gibt es bequeme Nachtbusse (*bus coche cama*) zwischen größeren Städten, durch welche man sich einen Flug sparen kann. Das Gleiche gilt für Nachtzüge mit Schlafwagen.

Öko ist nicht gleich Öko

So finden Sie heraus, ob Ihr Hotel so umweltfreundlich ist, wie es tut

40

Umweltfreundliche Hotels und Resorts haben sich von Nischenunternehmen zum Mainstream-Trend gemausert und sind heute eher die Norm als die Ausnahme. Durch die Umsetzung ökologischer Prinzipien sparen Hotels Strom- und Wasserkosten und dank Recycling landet weniger Müll auf der Deponie. Auch die Verwendung regionaler Erzeugnisse ist inzwischen oft die günstigere Wahl und garantiert saisonale Produkte in Bioqualität. Es sollte also nicht schwer sein, eine wirklich umweltfreundliche Unterkunft zu finden … theoretisch.

Studieren Sie die Website

Halten Sie Ausschau nach der Umweltpolitik des Hotels und nach Angaben zur sozialen Verantwortung. Diese sollten nirgendwo versteckt sein, sondern in die generellen Informationen einfließen. Prüfen Sie, ob das Hotel ein Umweltsiegel einer seriösen Zertifizierungsstelle trägt, z. B. den Tourism for Tomorrow Award (wttc.org/tourism-for-tomorrow-awards). Auch sehr nützlich für den direkten Vergleich sind anerkannte nationale Ökosiegel. Mit diesen Informationen kann man sich ein Bild von der Umwelt- und Sozialverantwortung des Unternehmens machen.

Fragen kostet nichts

Obwohl man eine Unterkunft normalerweise vor der Ankunft bucht, lohnt es sich, auch vor Ort Fragen zu stellen. Das zeigt dem Hotel oder Resort, dass Gästen umweltfreundliche Praktiken wichtig sind, und es gibt den Angestellten die Möglichkeit, über die ökologischen Maßnahmen ihres Arbeitgebers zu reden. Oft ist das Personal nämlich sehr stolz auf dessen umweltschonende Prinzipien. Gute Ökohotels beziehen ihren Strom aus netzunabhängigen Quellen (z. B. Solarplatten oder Windturbinen), setzen auf eine gute Isolierung (z. B. Doppelverglasung von Fenstern) und benutzen Energiesparlampen sowie clevere Key-Cards, die Strom, Heizung und Klimaanlage in den Zimmern regulieren.

»Gute Ökohotels beziehen ihren Strom aus netzunabhängigen Quellen, setzen auf eine gute Isolierung und benutzen Energiesparlampen.«

Richard Hammond, Gründer und Produktionsleiter von Greentraveller Productions

Gute Zeichen
Durchflussbegrenzer an Wasserhähnen und Duschköpfen sowie eine Zwei-Mengen-Spülung (sprich zwei Tasten) am WC-Spülkasten sind ein Zeichen dafür, dass das Hotel aufs Wassersparen bedacht ist. Nachfüllbare Pumpspender im Badezimmer sind umweltfreundlicher als kleine Plastikfläschchen oder individuell verpackte Seifen.

Kleiner Reise-Knigge

Anstand wahren in allen Lebenslagen

41

Derart (auch unfreiwillig) Anstoß zu erregen, um in echte Schwierigkeiten zu geraten, ist schwer. In aller Regel treffen Sie auf tolerante und verständnisvolle Menschen. Es sei denn, Sie verletzen religiöse Gefühle, insbesondere in islamischen Ländern. Kritische Äußerungen über die Regierung oder die königliche Familie des Landes, in dem Sie zu Gast sind, sind ebenfalls tunlichst zu vermeiden.

Do:

◆ Lernen Sie ein paar einfache, aber häufig benötigte Sätze in der jeweiligen Landessprache, vor allem »Entschuldigen Sie« und »Tut mir leid«.

◆ Orientieren Sie sich am allgemeinen Verhalten: Wo es üblich ist, die Schuhe auszuziehen, tun Sie dies ebenfalls; oder Sie halten als Frau Ihre Haare bedeckt, um Respekt zu zeigen.

◆ Lächeln! Ein aufrichtiges Lächeln macht den einen oder anderen Fehltritt schnell vergessen.

◆ Lassen Sie Ihre Vorstellungen von Etikette zu Hause. In vielen Mittelmeerländern sind mehrere Wangenküsse zur Begrüßung üblich, während man in den USA einer neuen Bekanntschaft statt Küsschen lieber die Hand gibt. Informieren Sie sich vor der Reise über die Gepflogenheiten des jeweiligen Landes, das spart Ihnen so manche Verlegenheit.

◆ Vorsicht bei Handgesten, denn diese können je nach Land falsch verstanden werden. Sogar das vermeintlich unverfängliche Daumen-hoch-Zeichen gilt in Ägypten und dem Iran als unhöflich.

Don't:

◆ Kritzeln oder ritzen Sie auf gar keinen Fall Namen oder Sonstiges in antike Gemäuer und Monumente.

◆ Nur weil das achtlose Wegwerfen von Müll anderswo gang und gäbe scheint, müssen Sie es nicht genauso machen.

◆ Das Fotografieren heikler Orte wie Militäranlagen, religiöse Stätten, politische Einrichtungen oder Demonstrationen ist nicht überall gern gesehen.

◆ Nur weil Sie ein Foto oder Selfie schießen, gehört Ihnen nicht die ganze Sehenswürdigkeit. Und Vorsicht mit dem Selfiestick!

◆ Gehen Sie nicht schmutzig ins Wasser! Waschen Sie sich gründlich, bevor Sie öffentliche Bäder oder Schwimmbecken betreten. In manchen Ländern wie Island und Japan ist das sogar Pflicht. Das sollte überall so sein, finden Sie nicht auch?

FRAGEN SIE EINEN EINHEIMISCHEN

Wenn Sie Angst davor haben, ins kulturelle Fettnäpfchen zu treten, dann fragen Sie einen Local. Sie kennen keinen oder die Sprachbarriere ist zu groß? Kein Problem! In vielen Städten gibt es Führungen und Aktivitäten mit heimischen Guides, die Touristen die Mentalität eines Ortes näherbringen. Für eine intensivere Erfahrung können Sie über Couchsurfing (www.couchsurfing.com) ein Schlafplätzchen bei einem Einheimischen finden. So lernen Sie die Stadt aus der lokalen Perspektive kennen und fühlen sich selbstsicherer.

Trinkgeld-Tabelle

Jedes Land hat seine eigene Trinkgeld-Kultur

Land	Restaurant	Bar	Taxi	Anmerkung
USA	15–20%	1$ pro Getränk	10–15%	Trinkgeldgeben ist ein Muss, außer wenn der Service unerhört schlecht ist.
Frankreich	10%	Bei Bedienung am Tisch 10–15%	10–15%	Die Anmerkung *service compris* auf der Rechnung zeigt, dass der Service im Preis mit einberechnet ist.
Australien	5–10%	Nicht erwartet	Um ein oder zwei Dollar aufrunden.	
Thailand	Aufrunden	Wechselgeld	50–100 B	
Neuseeland	5–10%	5–10%	Aufrunden	Ihr Gruppenleiter freut sich immer über Trinkgeld.
Vereinigtes Königreich	10–15%	unüblich, es sei denn, das Essen wird am Tisch serviert	10% oder aufrunden	
Spanien	gesetzliche Servicegebühr, 5–10 % optional	beliebig	Aufrunden	
Indien	10–15% optional	unüblich	Nur für ehrliche Fahrer	»Baksheesh« kann als Trinkgeld übersetzt werden. Es umfasst alles, vom Almosen für Bettler bis hin zu Schmiergeld.
Italien	10% optional	Kleines Wechselgeld	Aufrunden	

Land	Restaurant	Bar	Taxi	Anmerkung
Ägypten	10–15%	5–10 LE ist in Cafés üblich	5% oder aufrunden	
Marokko	10%	10%	Aufrunden	Ein kleines Trinkgeld ist für viele touristische Dienstleistungen üblich
Tschechien	10%	5–10% bei Bedienung	Nicht erwartet, aber aufrunden ist üblich	
Deutschland	5–10%	5%	5-10%	
Türkei	10%	10%	Aufrunden	
Kuba	10%	1 CUC pro Besuch (nicht pro Getränk)	10%	
Niederlande	bis zu 10%	Bis zu 10%	Aufrunden/ ca. 5%	
Vietnam	5%	Nicht erwartet	Nicht erwartet, aber gern gesehen	
Kanada	15–20%	1$ pro Getränk	10–15%	
Japan	unüblich	unüblich	unüblich	
Irland	10–15%	Unüblich, außer bei Bedienung, dann 1 €	10%	

Plastikfrei durch die Welt

Seien Sie Teil der Lösung, nicht des Problems

43

Egal, wohin man reist: Überall sieht man die verheerenden Folgen unseres Plastikverbrauchs für Landschaften und Meere. Beth Terry ist Gründerin von My Plastic Free Life (https://myplasticfreelife.com) und gibt Tipps für das plastikfreie Reisen.

◆ Nehmen Sie eine wiederverwendbare Wasserflasche mit. Bringen Sie sie leer durch die Sicherheitskontrolle am Flughafen und füllen Sie sie in der Abflughalle auf. Ein doppelwandiges Gefäß eignet sich auch für Heißgetränke, und das sowohl am Boden als auch im Flugzeug selbst.

◆ Nehmen Sie Ihre eigenen Mahlzeiten und Besteck mit an Bord. So vermeiden Sie Plastikbesteck und Ihr Essen schmeckt höchstwahrscheinlich viel besser. Weiteres Plus: Sie können essen, wann Sie wollen! Fluggesellschaften werfen Kopfkissen und Decken oft weg, deshalb bringen Sie am besten Ihr eigenes Kissen mit und kleiden sich im Zwiebellook für schwankende Temperaturen. Ihre eigenen Kopfhörer funktionieren meist besser als die kostenlosen der Airline.

◆ Wenn Sie Tee und Kaffee einpacken, müssen Sie nicht die Kapseln des Hotels verwenden. Kosmetikartikel in fester Form reichen nicht nur für eine, sondern für ganz viele Reisen. Die im Flugzeug von Ihnen verwendeten Lebensmitteldosen eignen sich während der Reise für Übriggebliebenes und Essen zum Mitnehmen.

◆ Machen Sie Ihre Hausaufgaben. Informieren Sie sich über Recyclingstrategien und Mülltrennungspraktiken an Ihrem Reiseziel. Besser ist es natürlich, von Anfang an auf Wegwerfartikel zu verzichten. Stoffbeutel sind leicht, praktisch und bieten Platz für alles Nötige.

◆ Denken Sie daran: Sie sind ein verantwortungsbewusster Bürger in Ihrem eigenen Land und sollten sich auch auf Reisen so verhalten. Schließlich sind Sie zu Besuch. Seien Sie ein guter Gast.

Respekt vor wilden Tieren

Die goldenen Regeln der Tierbeobachtung

44

Tiere in freier Wildbahn zu beobachten ist ein häufiger Reisegrund. Leider müssen dabei die Tiere meist unseren Regeln folgen und nicht umgekehrt. Wie können wir unseren Kontakt mit ihnen so ethisch wie möglich gestalten? Kate Nustedt von World Animal Protection (worldanimalprotection.org.uk) hat ein paar Vorschläge:

◆ Eine Faustregel lautet: Dürfen Tiere gestreichelt, geknuddelt oder geritten werden, dann geht das oft mit Tierquälerei einher. Im Allgemeinen sollte man Tiere in freier Wildbahn am besten aus respektvoller Entfernung beobachten.

◆ Nutzen Sie Ihre Macht als Tourist. Werden Sie zu Tiershows eingeladen oder sehen Sie Tierquälerei an anderen Orten, dann erzählen Sie es weiter, schreiben Sie eine Kritik online und machen Sie in sozialen Netzwerken darauf aufmerksam.

◆ Immer mehr Menschen sind sich der oft schlechten Behandlung von Tieren bewusst und fordern höhere Schutzmaßnahmen. Das hat zu positiven Veränderungen in der Reisebranche geführt. Die Wahl eines verantwortungsbewussten Reiseveranstalters ist wesentlich. Entscheiden Sie sich für einen, der Tiere respektiert und sich nicht mit anderen Anbietern um die besten Plätze streitet (zum Beispiel auf einer Safari).

◆ Denken Sie beim Schwimmen oder Schnorcheln mit wilden Delfinen oder anderen Meerestieren daran, dass es den Tieren überlassen ist, ob sie sich Ihnen nähern oder nicht. Ein guter Veranstalter erklärt Ihnen das.

◆ Vergessen Sie Selfies mit Tieren. Falls Sie trotzdem in Versuchung geraten: Es ist niemals in Ordnung, ein wildes Tier zu knuddeln.

Kate Nustedt, Weltweite Wildtierverantwortliche bei World Animal Protection (worldanimalprotection.org.uk)

Clever Geld ausgeben

... und dabei die Menschen vor Ort unterstützen

45

◆ Ein verantwortungsvoller Tourist gibt sein Geld bewusst aus. Sehen Sie Ihre Reiseausgaben als Investition in das Wohl der Menschen vor Ort, immerhin gehören Sie vorübergehend zu ihnen.

◆ Besonders beim Essen und Trinken haben Sie die Möglichkeit, Ihr Geld an der richtigen Stelle zu lassen. Wählen Sie kleine unabhängige Läden, Bars und Restaurants. Von Einheimischen oder Familien betriebene Unterkünfte sind eine tolle Alternative zu den eher anonymen Hotelketten.

◆ Wer mit öffentlichen Verkehrsmitteln oder dem Fahrrad unterwegs ist, der lernt schnell Einheimische kennen. Außerdem ist es preiswerter und macht mehr Spaß, als sich ein Auto zu mieten. Ein Auto weniger auf der Straße tut auch der Umwelt gut.

◆ Kaufen Sie Lebensmittel in kleinen Geschäften sowie auf Märkten und schauen Sie dabei nach regionalen Produkten. Dadurch profitieren auch heimische Erzeuger und Verkäufer von Ihrem Urlaub.

◆ Souvenirs sollten vor Ort hergestellt sein und nicht aus einer Massenproduktion stammen. Die Suche nach einmaligen Andenken führt Sie vielleicht sogar auf schöne Märkte und in ungewöhnliche Boutiquen.

»Besonders beim Essen und Trinken haben Sie die Möglichkeit, Ihr Geld an der richtigen Stelle zu lassen. Wählen Sie kleine unabhängige Läden, Bars und Restaurants. Von Einheimischen oder Familien betriebene Unterkünfte sind eine tolle Alternative zu den eher anonymen Hotelketten.«

◆ Kommen Sie bloß nicht in Versuchung, Souvenirs aus geschützten Tier- oder Pflanzenarten oder aus Materialien zu kaufen, die Teil des Kulturguts sind (z. B. antike Bücher oder anderes). Der Kauf solcher Objekte fördert nicht nur deren Handel, sondern ihre Aus- und Einfuhr ist eventuell nur mit Genehmigung möglich oder schlichtweg verboten.

◆ Die richtige Summe zu bezahlen ist genauso wichtig wie das Gekaufte selbst. Ein verbissenes Feilschen um den niedrigsten Preis macht keinem Spaß. Wer aber zu viel zahlt, der kann den Markt verzerren. Am besten erkundigen Sie sich vorher nach einem fairen Richtwert.

◆ Suchen Sie im Voraus nach einheimischen Touristenführern, die Ihre Reise bereichern können. Oft kann Ihnen dabei das Personal in Ihrer Unterkunft weiterhelfen oder Sie versuchen es online auf Seiten wie www.vayable.com und www.embark.org. Die besten Guides kosten etwas mehr. Das garantiert normalerweise einen fairen Lohn und eine bessere Erfahrung.

JEDE MINUTE GENIESSEN

Reise-Jahresplaner

Die besten Reiseziele nach Vorlieben und Jahreszeit.

	Januar	Februar	März	April	Mai	Juni
STRAND	Ostküste Australiens	Gambia	Kapverden	St Lucia	Kreta	Sardinien
AKTIV	Skifahren in British Columbia, Kanada	Segeln rund um die Whitsunday Islands, Australien	Multi-Sport-Abenteuer in Costa Rica	Schnorcheln und tauchen in Französisch-Polynesien	Felsenklettern im Lake District, England	Trekking in den Anden, Peru
KULTUR	Tempeltouren in Thailand	Paläste aus der Mughal-Zeit, Indien	Kolonialstädte und Musik, Kuba	Wiens Museen und Galerien, Österreich	Kyotos Altstadt, Japan	Kunst und Architektur in Glasgow, Schottland
STÄDTE	Prag	Kapstadt	Beirut	Paris	Berlin	Reykjavik
FLITTERWOCHEN	Luxeriöse *estancias*, Argentinien	einsame Strände auf den Malediven	Party in Rio, Regenwaldabenteuer, Brasilien	einsame Buchten auf Jamaika	Landhausferien in England	Wellness und Tauchen auf Bali und Lombok
NATUR	Regenwaldabenteuer, Panama	Wale und Seehunde vor Valdés, Argentinien	Orang-Utans in Borneo	Ningaloo Marine Park, Australien	Galapagos-Inseln, Ecuador	Gnu-Wanderungen in Kenia und Tansania

Juli	August	September	Oktober	November	Dezember
Ibiza, Spanien	Cornwall, England	Fiji	Sansibar, Tansania	Florida Keys	Thailand
Via ferrata, Dolomiten, Italien	Radfahren auf dem Wild Atlantic Way in Irland	Kajakfahren im Grand Canyon, USA	Wandersafari, Selous, Tansania	Vulkanbesteigung, Nicaragua	Skifahren, Oregon, USA
Klassik und Zarenkultur in St. Petersburg, Russland	Städte an der Seidenstraße, Usbekistan	Alte Geschichte und moderne Kunst in Istanbul, Türkei	Das antike und das moderne Rom, Italien	Orientalische Kaiserstädte, Marokko	Tanz in Buenos Aires, Argentinien
London	Vancouver	Havana	New York	Auckland	Hongkong
Gondelfahrten in Italien	Tropische Auszeit auf Mauritius	5-Sterne-Luxus in Paris	Safari in Namibia	Nilkreuzfahrt, Ägypten	Die ultimative Australienreise
Braunbären in Alaska	Gorillas, Uganda & Ruanda	Rentiere in Lappland	Höhlen mit Glühwürmchen in Neuseeland	Lemuren auf Madagaskar	Pinguine in der Antarktis

Piloten wissen mehr

Insider-Tipps für die Flugreise von A nach B

Clever packen
Das meiste an meinem Job ist Routine, auch das Packen. Jedes wichtige Stück (Pass, Geldbörse, Telefon usw.) hat in meiner Handgepäcktasche seinen ganz bestimmten Platz. So weiß ich immer, wo was zu finden ist, und sehe sofort, wenn irgendetwas fehlt oder verloren gegangen ist.

Zeitverschiebung bedenken
Auf einem Langstreckenflug, hauptsächlich von Nord nach Süd, empfehle ich dringend, den Abflug in die Morgenstunden zu legen und in den Tag hinein zu fliegen. So kommen Sie am Abend an, können in Ruhe schlafen und sind am nächsten Tag fit. Bei einem Nachtflug auf der gleichen Strecke sieht die Sache ganz anders aus.

Für alle Fälle …
Im höchst unwahrscheinlichen Fall einer Notsituation müssen Sie für alles gewappnet sein. Natürlich dürfen Sie unterwegs die Schuhe ausziehen, aber bei Start und Landung sollten Sie lange Hosen und Schuhe tragen.

Ausreichend Wasser trinken!
Ich kann gar nicht genug betonen, wie wichtig es ist, auf Langstreckenflügen ausreichend zu trinken, auch vor und nach dem Flug. Vermeiden Sie Koffein und Alkohol.

Andrew Pascoe, Pilot

Jedes wichtige Stück (Pass, Geldbörse, Telefon usw.) hat in meiner Handgepäcktasche seinen ganz bestimmten Platz. So weiß ich immer, wo was zu finden ist,

Das Wetter macht, was es will

Ein Regentag ist kein Weltuntergang

48

Machen Sie die Stadt unsicher

Sonnenziele verheißen Strand und gutes Wetter, klar. Und wenn die Sonne mal nicht scheinen mag? Dann empfiehlt sich ein Tagesausflug in die Stadt, ein Besuch im Museum oder ein Bummel durch eine Galerie.

Zuflucht in der Kultur finden

Wie wäre es mit einem Besuch im Kino oder Theater? Je kleiner, desto besser. Eine gute Möglichkeit, die örtliche Kultur hautnah zu erleben – ein Kinoabend in Indien etwa ist eine wirklich einmalige Erfahrung! Wer mag, kann eine örtliche Bibliothek aufsuchen – ein vielleicht ungewöhnlicher, aber angenehm ruhiger Rückzugsort. Viele bieten heute WLAN und jede Menge Bücher zu Themen mit lokalem Bezug. Man kann stundenlang verweilen und eintauchen in die Besonderheiten des Reiseorts.

Richtig anziehen und auf geht´s

Outdoor-Aktivitäten können eine nasse Angelegenheit sein. Beim Surfen etwa. Achten Sie auf die richtigen Klamotten, auch wenn das Wetter mal nicht mitspielt. Ein Neoprenanzug hält Sie über Stunden warm im Wasser, das Sie an Schlechtwettertagen so ziemlich für sich allein haben dürften. Aktivsportarten wie Wandern sind auch bei schlechtem Wetter möglich und mit der richtigen Kleidung und Ausrüstung kein Problem. Ganz praktisch bei Regenwetter sind schnell trocknende Handtücher.

Machen Sie das Wetter zum Star

Einige Bauwerke entfalten ihre wahre Magie erst im Regen. Ein Beispiel ist das Pantheon in Rom. Dort strömt das Wasser durch das oculus (Loch im Dach) in den römischen Tempel und durch den Boden wieder ab – einfach surreal. Dann gibt es auch noch Orte, an denen Stürme die Hauptrolle spielen: Die Gewitter über dem Maracaibo-See in Venezuela ziehen sogar Touristen an!

Oliver Smith, Reiseschriftsteller des Jahres 2017/18

Tschüss, Flugangst!

So bleiben Sie in der Luft gelassen

49

Und wenn Sie sich gar nicht erst ins Flugzeug trauen? Professor Robert Bor vom Centre of Aviation Psychology hat ein paar Tipps.

Sie sind in bester Gesellschaft
Schätzungen zufolge fühlt sich einer von zehn Passagieren an Bord eines Flugzeugs unbehaglich. Die Luftfahrtbranche investiert

viel Zeit und Geld in Maßnahmen zur Lösung psychologischer Probleme beim Fliegen, sowohl bei Piloten als auch Passagieren. Das Ergebnis ist ein großes Angebot an praktischen und umsetzbaren Bewältigungsstrategien.

Verstehen Sie Ihre Ängste

Es gibt allerdings einen Unterschied zwischen Menschen, die sich in Flugzeugen, engen Räumen oder fremden Umgebungen unwohl fühlen, und solchen, die unter einer ausgeprägten Flugphobie leiden. Wie man die Angst in Angriff nimmt, hängt vom Schweregrad ab.

Bitten Sie um Hilfe

Eine gute erste Anlaufstelle ist Ihr Hausarzt. Reden Sie mit ihm über Ihre Ängste. Je nachdem, was er sagt, gibt es verschiedene Möglichkeiten. Viele Fluggesellschaften auf der ganzen Welt bieten ausgezeichnete Kurse gegen Flugangst an. In diesen wird meist erklärt, wie ein Flugzeug funktioniert und in der Luft bleibt. Manchen Menschen reicht schon ein besseres Verständnis der Technik, um ruhiger zu fliegen. Bei anderen stecken hinter der Flugangst persönliche Probleme, die gar nichts mit dem Fliegen zu tun haben, sich aber gerade auf Flügen bemerkbar machen. Werden diese in Angriff genommen – zum Beispiel mithilfe eines Psychologen – reduziert das die Angst beim Fliegen.

Schonen Sie sich

Bleiben Sie in den Tagen vor dem Flug so gelassen wie möglich. Vermeiden Sie Koffein und Alkohol und lassen Sie keine Mahlzeiten aus. Versuchen Sie, entspannt und ausgeruht am Flughafen anzukommen. Ein paar Drinks gegen schwache Nerven sind keine gute Idee. Alkohol wirkt zwar zunächst beruhigend, aber mit nachlassendem Effekt kann die Angst mit doppelter Stärke zurückkehren. An Bord kann es hilfreich sein, den Flugbegleitern von Ihrer Angst zu erzählen. Atmen Sie tief ein und aus und denken Sie daran, dass Sie statistisch gesehen in einem der sichersten Verkehrsmittel sitzen.

Geschäftsreisen als Mini-Urlaub

Schöpfen Sie Ihre Geschäftsreise optimal aus – auch wenn Sie bis zum Hals in Arbeit stecken.

50

Die Jetlag-Schlaflosigkeit nutzen
Ein Spaziergang frühmorgens ist magisch: Die Stadt ist wie ausgestorben – als wären Sie allein. Besuchen Sie einen Markt oder nehmen Sie ein Frühstück in einem angesagten Café, um ein wenig Lokalkolorit zu schnuppern.

Den Eventkalender checken
Tickets für Theateraufführungen oder Sportereignisse bekommt man oft leichter als gedacht. Das Interesse macht Eindruck bei den Gastgebern, und das zweite Ticket für das Spiel findet sicher immer einen Abnehmer.

Schaffenspausen einlegen
Selbst in einem noch so straffen Terminplan gibt es mal eine Lücke, die Mittagszeit oder eine Stunde vor dem Abendessen etwa. Wie wäre es mit einer kleinen Radtour durch die Stadt? Erkundigen Sie sich nach Fahrrad-Verleihstationen.

Stadtbesichtigung fest einplanen
Verabreden Sie sich dafür bereits vor der Ankunft ganz konkret mit einem Kollegen. Absagen wegen eines Geschäfts-Dinners gilt nicht!

Top-Tipp von Tom Otley, Chefredakteur von Business Traveller
Packen Sie Sportkleidung ein. Viele große Hotels stellen ihren Gästen Karten zur Verfügung mit Jogging-Routen in Parks oder auf verkehrsfreien Wegen, die manchmal sogar an Sehenswürdigkeiten vorbeiführen.

Der Portier, Ihr Freund und Helfer

Nein, er ist nicht nur für VIPs da.

Jose Pacuo, Chef-Portier im Milestone Hotel, London (www.milestonehotel.com), erklärt, was ein guter Portier so alles machen kann, damit Sie sich vom ersten Moment an wohlfühlen.

Ein guter Portier öffnet Ihnen im wahrsten Sinne des Wortes die Tür in eine Stadt und verhilft Ihnen ganz schnell zu einem ersten Eindruck. Er steht Ihnen gerne mit gutem Rat und Empfehlungen für Ihre Unternehmungen zur Seite. Da sich ein Portier in seiner Stadt sehr gut auskennt, erhalten Sie aus dieser Quelle verlässliche und auf Ihre Bedürfnisse zugeschnittene Tipps.

Portiers stehen den Gästen für alles Mögliche zur Verfügung – sie parken den Wagen, tragen Koffer oder helfen gar bei der Planung des gesamten Aufenthalts. Auch bei eher ungewöhnlichen Anliegen (wenn Sie zum Beispiel ein bestimmtes Geschenk suchen), hilft der Portier weiter, spart Ihnen somit Zeit und holt Ihre Einkäufe notfalls auch ab.

Einen erfahrenen Portier bringt nichts aus der Ruhe, egal, welches Anliegen Sie haben. Fragen Sie einfach nach. Falls er selbst nicht weiter weiß, hat er jede Menge Kontakte und wird eine Lösung finden.

Stressfrei reisen mit Kindern

So behalten Sie den Familienurlaub in bester Erinnerung

52

Mit den Kleinsten zu verreisen, kann ganz schön anstrengend sein, aber mit guter Planung wird aus dem Urlaub ein Kinderspiel.

Bedürfnisse und Wünsche kennen
Wer tut was am liebsten? Machen Sie die Lieblingsbeschäftigungen aller Familienmitglieder zum Mittelpunkt der Reise. Eine für Kinder oft langweilige Städtetour wird zum großen Abenteuer, wenn Sie einen tollen Spielplatz finden und großzügig Eiscreme verteilen.

Immer mit der Ruhe
Wenn der ganze Tag mit Aktivitäten und Ausflügen vollgepackt ist, dann kommt es schnell zu Spannungen innerhalb der Familie. Deshalb ist es wichtig, jeden Tag mit ein paar Verschnaufpausen zu spicken.

Gehen Sie mit mehreren Generationen auf Reise, dann legen Sie eins schon im Voraus fest: Nicht alle müssen alles mitmachen. Ihre Teenager werden es Ihnen danken.

Haben Sie Snacks dabei

Sie verspäten sich, müssen in langen Schlangen warten, verlieren Ihre Geldbörse oder verpassen das Mittagsangebot im Restaurant: Es gibt viele Situationen, in denen ein kleiner Snack und Wasser Wunder wirken können, um alle bei Laune zu halten.

Werden Sie aktiv

Das Schönste am Familienurlaub ist doch, dass man endlich mal außerhalb des anstrengenden Alltags Zeit miteinander verbringen kann. Machen Sie das Beste daraus. Spielen Sie, informieren Sie sich gemeinsam über das Reiseziel, probieren Sie Neues, schreiben Sie ein Reisetagebuch ... haben Sie einfach Spaß! Schließlich werden sich alle ihr ganzes Leben lang an den Urlaub erinnern.

So bekommen Sie den gefragtesten Tisch der Stadt

So ergattern Sie einen Tisch im beliebtesten Restaurant, auch wenn schon alles ausgebucht ist

53

1 **Akzeptieren Sie kein Nein.** Sogar die coolsten Lokale erhalten Absagen. Es lohnt sich also, am selben Tag anzurufen oder selbst vorbeizugehen und nach einem Tisch zu fragen. Sagen Sie am Empfang, dass Sie bereit sind zu warten – das zeigt, dass es Ihnen wirklich ernst ist.

2 **Setzen Sie sich an die Bar.** Fragen Sie lieber nach ein oder zwei Plätzen an der Bar oder einem Gemeinschaftstisch statt nach ganzen Tischen für zwei oder vier Personen. Viele Restaurants vergrößern solche informellen Bereiche, denn die Tendenz zum zwanglosen Dinieren oder dem Alleinessen steigt.

3 **Machen Sie sich schick.** Auch wenn Sie sich auf die letzte Minute für ein Restaurant entscheiden, putzen Sie sich besser etwas heraus. Wer gut gekleidet ein schickes Lokal betritt, der bekommt eher einen der begehrten Tische als jemand in kurzen Hosen und Turnschuhen.

4 **Wählen Sie eine ungewöhnliche Tageszeit.** Gleich nach Eröffnung, kurz vor Schluss oder sogar zur Frühstückszeit kann es einfacher sein, einen Tisch zu bekommen. Solche Zeiten passen Ihnen selbst vielleicht sogar besser, zum Beispiel beim Jetlag. Achten Sie auf Stoßzeiten in Restaurants, diese sind von Land zu Land ganz unterschiedlich.

5 **Bitten Sie einen Einheimischen um Hilfe.** Fragen Sie den Hotelportier, ob er ein gutes Wort für Sie einlegen kann. Seine Insiderkenntnisse und Kontakte können Türen öffnen. Ist das der Fall, dann geben Sie ihm ein gutes Trinkgeld (siehe S. 105 für mehr Tipps zum Portier).

Das Quäntchen Abenteuer

Wer öfter mal was Neues ausprobiert, wird mit unerwarteten Erfahrungen belohnt. 54

Ist der Urlaubsort nicht aufregend genug? Dann hat der Abenteurer und Fernsehmoderator Simon Reeve (simonreeve.co.uk) einige Tipps, wie Sie Ihren Aufenthalt aufpeppen können.

◆ Machen Sie die Nacht zum Tag. Eine neue Gegend sollte man nicht nur zu den normalen Geschäftszeiten, also tagsüber, erkunden. Sie werden staunen, welch völlig andere Gesichter die Stadt in der Nacht und früh am Morgen zeigt.

◆ Das Kleine bewundern statt der Sehenswürdigkeiten. Bleiben Sie in Ihrem Viertel und erkunden Sie sorgfältig die Nachbarschaft.

◆ Studieren Sie Lokalzeitungen – nichts ist näher dran am Lebensgefühl vor Ort als die einheimischen Medien.

◆ Gehen Sie campen. Vor allem wildes Campen ist Abenteuer pur! Es schärft die Sinne und man ist herrlich nahe an der Natur.

◆ Lassen Sie sich treiben. Werfen Sie an Kreuzungen eine Münze und gehen Sie der Nase nach.

Raus aus der Komfortzone

... und furchtlos hinein ins Vergnügen 55

Das Reisen geht mit neuen Erfahrungen einher. Wenn sich allerdings doch mal die Angst meldet, hilft Ihnen diese kleine Achtsamkeits-Methode in drei Schritten dabei, über Ihren Schatten zu springen.

1. Erkennen Sie die Angst und welchen Einfluss diese auf Sie hat (Panik, Herzrasen etc.).

2. Stellen Sie sich nun folgende Fragen: Was ist das Schlimmste, das passieren kann? Ausgelacht zu werden? Ins Wasser zu fallen? Normalerweise sind es alles Sachen, die man gut verkraften kann.

3. Falls doch mal etwas schiefgeht, dann denken Sie daran: Sie haben es wenigstens versucht und ärgern sich später nicht darüber, es gar nicht erst probiert zu haben. Fangen Sie klein an und wagen Sie den ersten Schritt. Es gibt nichts Gutes, außer man tut es!

Einfach mal abschalten

Tipps für die erste digitale Entgiftung

56

Reisen und Ferien sind der perfekte Zeitpunkt, um endlich mal nicht an die Arbeit oder andere Verpflichtungen zu denken. Allerdings kann man kaum in die Welt des Fremden und Neuen eintauchen, wenn man ständig auf Smartphone, Tablet oder Computer schaut.

Einfach mal alle Geräte auszuschalten kann Körper und Seele so richtig guttun: Man schläft besser, kann sich besser konzentrieren und wird sogar glücklicher. Dabei muss man auch gar nicht bis zum Äußersten gehen und rigoros alles ausschalten – vielmehr geht es darum, die Technik auf clevere Art zu nutzen.

Beginnen Sie, indem Sie Apps von sozialen Netzwerken und Nachrichtendiensten sowie Ihre Arbeits-E-Mails vom Startbildschirm Ihrer Geräte verbannen oder sie ganz entfernen. Versuchen Sie anschließend doch mal, ohne Smartphone aus dem Haus zu gehen, zum Beispiel auf Ausflüge oder zum Essen. Es ist gar nicht schlimm, nicht immer eine Kamera dabeizuhaben. Oft lassen sich Augenblicke viel mehr genießen, wenn man sich ganz auf sie konzentriert statt aufs Fotografieren.

Schaffen Sie sich für Ihre Reisen ein altmodisches Handy ohne Internetzugang an. Das lenkt Sie nicht ständig ab und Sie sind dennoch per Anruf oder SMS erreichbar. Weiterer Vorteil: »Dumbphones« sind für Diebe kaum attraktiv.

Keine Sorge, Sie werden nichts verpassen. Alle, die schon mal eine digitale Entgiftung durchgemacht haben, bestätigen das. Das Geheimnis besteht darin, es einfach zu probieren und sich selbst davon zu überzeugen, dass die Welt ohne Smartphone nicht untergeht.

Tanya Goodin, Expertin für Digital Detox und Autorin von OFF: Your Digital Detox for a Better Life *und* Stop Staring at Screens!

JEDE MINUTE GENIESSEN

Die 10 Goldenen Regeln der Reisefotografie

Mit unseren Profitipps werden aus Ihren Urlaubsfotos richtige Meisterschüsse

1 Nehmen Sie das Fotografieren selbst in die Hand.
Kennen Sie Ihre Ausrüstung und lernen Sie die technischen Einzelheiten des Fotografierens – es gibt mehr als den Automatik-Modus.

2 Aufs Licht kommt es an.
Verstehen Sie, wie sich Licht auf den Sensor auswirkt. Seien Sie bereit zu warten oder zu einer anderen Zeit wiederzukommen, um optimal beleuchtete Fotos zu schießen.

3 Übung macht den Meister.
Bei einer gut geplanten Fototour durch Ihre Heimatstadt können Sie üben und Ihre Ausrüstung ausprobieren.

4 Recherche und Planung.
Ein Plan hilft dabei, Ihre Zeit effizient zu nutzen und Spaß zu haben. Erkunden Sie den Ort, den Sie fotografieren möchten.

5 Entwickeln Sie eine Routine.
Ein guter Ablauf – von der Wahl des richtigen Zeitpunkts bis zum Aufbau der Ausrüstung – trägt zum Erfolg Ihres Fotoshootings bei.

6 Geduld haben und sich ganz auf die Aufnahme konzentrieren.
Es lohnt sich, auf besseres Wetter oder den richtigen Moment zu warten – ein wenig Geduld kann einen großen Unterschied machen.

7 Bezahlen Sie nur für Fotos, wenn es angebracht ist.
Ein gutes Geschäft oder ein störendes Ärgernis? Sie entscheiden. Wenn Sie für ein Foto bezahlen wollen, dann einigen Sie sich vorher auf den Preis und haben Sie keine Scheu vor dem Verhandeln.

8 Fotografieren Sie im RAW-Format.
Nutzen Sie das RAW-Format, um das Beste aus Ihrer Digitalkamera zu holen. So können wichtige Faktoren wie Belichtung und Kontrast auch noch später angepasst werden.

9 Machen Sie sich mit der Bildbearbeitung vertraut.
Es lohnt sich, Zeit und etwas Geld in gute Software zu stecken, denn sie gibt Ihnen die totale Kontrolle über Ihre Fotos.

10 Betrachten Sie Ihre Fotos kritisch, aber objektiv.
Studieren Sie Ihre Aufnahmen gründlich und erkennen Sie deren Stärken und Schwächen. Lernen Sie aus Ihren Fehlern.

Siehe Lonely Planets Best Ever Photography Tips *für mehr Informationen und viele weitere wertvolle Ratschläge.*

Das perfekte Instagram-Foto

So wird Ihr Feed zum echten Augenschmaus

58

Winkel

Ein Vorteil von Instagram ist, dass das »perfekte Foto« keiner strengen Definition unterliegt. Da die App bei Weltenbummlern und Reisenden beliebt ist, kann es aber schwierig sein, ein originelles Foto einer bestimmten Sehenswürdigkeit zu schießen. Egal, wohin Sie reisen – irgendjemand war schon vor Ihnen da. Man muss sich also etwas einfallen lassen und etwas experimentieren. Vielleicht können Sie Angkor Wat aus einem neuen Winkel aufnehmen oder Fez in einem anderen Rahmen? Ein einfallsreicher Winkel erzählt Geschichten.

Menschenmengen

Finden Sie heraus, zu welchen Tageszeiten es am Ort Ihrer Wahl am ruhigsten ist (gleich vorweg: höchstwahrscheinlich unglaublich früh am Morgen!). Alternativ können Sie versuchen, die Massen mithilfe einer cleveren Perspektive zu verstecken.

Beleuchtung

Das perfekte Reisefoto fängt die Atmosphäre eines Ortes ein. Die Beleuchtung ist dabei eines Ihrer wirkungsstärksten und beeinflussbarsten Werkzeuge. Überlegen Sie sich genau, wie Sie Licht ins Bild bringen. Von hinten beleuchtete Aufnahmen wirken dramatisch. Ist die Lichtquelle zu sehen, gibt das dem Foto ein Gefühl von Freiheit.

Format

Instagram bietet verschiedene Formatoptionen an. Für ein Standardfoto im Feed eignet sich am besten die quadratische Form, diese nimmt auf Smartphones oder Tablets den größten Bildschirmplatz ein. Wenn möglich sollten Sie das Hoch- oder Querformat bei Feed-Beiträgen vermeiden.

Emily Frost, Lonely Planets Social Communications Coordinator und passionierte Instagrammerin

Erinnerungen sammeln – ganz analog mit Stift und Papier

Machen Sie es wie früher und führen Sie ein Reisetagebuch

59

In einer Welt voller sozialer Netzwerke und hastig geposteter Urlaubsbilder hat es das gute alte Reisetagebuch nicht leicht. Dabei ist es ein einzigartiges und sehr persönliches Erinnerungsstück an Ihre Abenteuer.

◆ Es gibt vorgefertigte Reisetagebücher, aber eigentlich brauchen Sie nur ein einfaches Notizbuch. Ein harter Einband hilft beim Abstützen der Schreibhand und macht das Büchlein auf langen Reisen resistenter.

◆ Ein Reisetagebuch ist ein eher persönliches Erinnerungsstück, das üblicherweise für Verlage nicht von großem Interesse ist. Nichtsdestotrotz können Sie Ihre Notizen darin als Grundlage für Artikel, Blogbeiträge und andere Geschichten nutzen.

◆ Machen Sie es sich zur Aufgabe, jeden Tag etwas zu schreiben. Alle wichtigen Ereignisse des Tages lassen sich in wenigen Sätzen kurz vor dem Schlafengehen zu Papier bringen. Ihr Reisetagebuch ist auch der perfekte Begleiter auf langen Fahrten oder für ein Essen allein.

◆ Neben eigenen Worten und Zeichnungen können Sie auch Landkarten einkleben (oder selbst zeichnen!) sowie Ticketabschnitte, Prospekte und andere Souvenirs. Auch schön: Zettelchen mit lieben Worten von Reisebekanntschaften.

◆ Auch für Kinder ist das Führen eines Reisetagebuchs toll! Tagebucheinträge müssen nicht immer nur aus Text bestehen, auch Briefe an Freunde zu Hause, Comics oder ein paar unterwegs aufgeschnappte Redensarten sind schöne Ideen.

◆ Auf langer Reise lohnt es sich, volle Reisetagebücher mit der Post nach Hause zu schicken. So gehen sie unterwegs nicht verloren.

Immer schön achtsam bleiben

So entspannen Sie sich und genießen den Moment 60

Achtsamkeit und Reisen sind das perfekte Paar. Achtsam sein heißt, sich voll und ganz auf das Jetzt zu konzentrieren, und das will man doch besonders im Urlaub, oder? Indem wir uns ganz dem Moment hingeben, reisen wie viel intensiver. Wer sich schon länger in Achtsamkeit übt, für den ist ein Retreat eine tolle Sache. Dort kann man seine Praxis weiterentwickeln und gleichzeitig einen neuen Ort kennenlernen. Für alle Neulinge auf dem Gebiet haben wir hier ein paar einfache Tipps:

Legen Sie Ihr Handy weg
Nichts holt uns so sehr aus dem Augenblick wie das Ping einer WhatsApp-Nachricht oder das Durchsehen des Facebook-Feeds. Legen Sie einen Zeitraum fest, in dem Sie nicht aufs Smartphone schauen. Siehe S. 112 für mehr Tipps zur digitalen Entgiftung.

Setzen Sie sich hin und beobachten Sie die Welt
Indem Sie anderen Menschen bei ihren Aktivitäten zuschauen, halten Sie selbst inne und konzentrieren sich ganz auf Ihre Umgebung. Genießen Sie Ihren Kaffee, fühlen Sie den Stuhl unter sich, riechen Sie das Café – kurzum: Benutzen Sie all Ihre Sinne!

Machen Sie einen Spaziergang
Allzu oft sind wir in Eile, müssen schnell noch irgendwohin, fix etwas erledigen oder planen schon die nächste Aktivität. Eine Reise ist eine gute Gelegenheit, um alles etwas langsamer anzugehen. Machen Sie einen Spaziergang ohne Ziel und sehen Sie, wo er Sie hinführt.

Wenn mal etwas schiefgeht: Durchatmen!
Eine Reise kann anstrengend sein, und manchmal rast einem das Herz. Diese Atemübung reguliert Ihr Adrenalin und bringt Sie auf den Boden zurück: Zählen Sie beim Einatmen innerlich bis drei, halten Sie die Luft an und zählen Sie bis vier, dann atmen Sie aus und zählen dabei bis fünf.

Gut essen

... und auf den Geschmack Ihres Reiseziels kommen

Sie kennen es sicherlich: Man sitzt in einem fremden Land im Restaurant und weiß nicht so recht, was man bestellen soll. Diese Tipps helfen Ihnen beim Entdecken einer neuen kulinarischen Welt.

Gehen Sie auf den Markt: Märkte machen Spaß und lassen Sie in das wahre Leben Ihres Reiseziels eintauchen. Außerdem können Selbstverpfleger hier günstig frische Lebensmittel erstehen. In vielen Städten gibt's inzwischen auch geführte Markt-Touren, auf denen Besuchern regionale Erzeugnisse vorgestellt werden.

Bitten Sie um Rat. Das Hotelpersonal oder Ihr Gastgeber kann Ihnen bestimmt viele Lokale empfehlen. Fragen Sie außerdem, wo er oder

sie gern isst. Eine tolle Idee fürs Restaurant: Sie sagen Ihrer Bedienung einfach, dass Sie frisch und regional essen möchten und lassen sich überraschen! Erwähnen Sie aber unbedingt, wie viel Sie für ein Gericht ausgeben möchten.

Geschäftsreisende bestellen bei Geschäftsessen gern zwei Vorspeisen anstatt einer Vorspeise und einem Hauptgericht. Mit ein paar tapasartigen kleinen Gerichten bekommt man einen viel besseren Eindruck von der Landesküche, als wenn man sich mit einer einzigen Riesenmahlzeit den Bauch vollschlägt.

Nicht jedes Essen muss zum Drei-Gänge-Menü werden. Teilen Sie Gerichte, bestellen Sie nur Desserts oder genießen Sie Streetfood an Imbissständen. Essen Sie öfter kleine Portionen, so können Sie so viele regionale Leckereien wie möglich probieren.

Nützliche Apps und Websites für Globetrotter

Unsere Auswahl an kleinen Helferlein für die Planung Ihrer Reise und das Leben *on the road*

62

◆ **SeatGuru und GateGuru**
Zwei sehr hilfreiche Apps, um das Fliegen von der Buchung bis zur Ankunft so angenehm wie möglich zu machen. Für Flugtickets selbst empfehlen wir Kayak oder Skyscanner.

◆ **Rome2Rio**
Wegbeschreibungen zwischen zwei beliebigen Punkten auf der ganzen Welt inklusive Transportmittel und Kosten.

◆ **XE**
Universeller Währungsrechner mit Website und App..

◆ **Citymapper**
Tolle App für die Routenplanung in der Stadt, egal, wo Sie sind.

◆ **Hotel Tonight**
App für Lastminute-Hotelangebote.

◆ **Flush**
Weltweiter WC-Finder! Öffentliche Toiletten werden von Usern markiert.

◆ **Accuweather**
Wettervorhersagen für die ganze Welt.

◆ **Reise- und Sicherheitshinweise**
Aktuelle Sicherheitshinweise für alle Länder gibt's auf den Websites des deutschen Auswärtigen Amtes (www.auswaertiges-amt.de/de/ReiseUndSicherheit/reise-und-sicherheitshinweise), des österreichischen Bundesministeriums für Europa, Integration und Äußeres (www.bmeia.gv.at/reise-aufenthalt/reiseinformation/laender/)

sowie des Schweizer Eidgenössischen Departements für auswärtige Angelegenheiten (www.eda.admin.ch/eda/de/home/vertretungen-und-reisehinweise.html).

◆ **LiveTrekker**
Gibt es jemanden bei Ihnen zu Hause, der am liebsten mit Ihnen mit auf Reise gegangen wäre, zum Beispiel zum Wandern im Himalaja? Dank dieser App können Sie für Ihre Liebsten daheim ein digitales Tagebuch inklusive interaktiver Landkarte anlegen. Nach Belieben können Bilder, Text, Audio- und Videoaufnahmen eingefügt werden, woraus ein multimediales Reisetagebuch entsteht.

◆ **TouchNote**
Mit dieser App lassen sich digitale Fotos als richtige Postkarten verschicken. Man wählt sein Foto aus, schreibt einen Gruß und TouchNote druckt und versendet die Karte. Weiterer Vorteil: Über die App bezahlt man normalerweise weniger als für gute alte Briefmarken.

◆ **LoungeBuddy**
Wie kann man vor einem langen Flug besser entspannen als in einer Flughafenlounge mit einem Gin Tonic in der Hand. Diese App hilft Ihnen dabei, solche kleinen Oasen der Ruhe zu finden. Sie geben Ihren Reiseplan ein und LoungeBuddy zeigt alle Lounges in Ihrer Nähe an. Obwohl man für den Zugang zu den meisten von ihnen etwas bezahlen oder bestimmte Voraussetzungen erfüllen muss, lohnt sich so eine Investition besonders bei langen Aufenthalten zwischen zwei Flügen.

◆ **Tripcast**
Mit Tripcast kann man ein Fotoalbum anlegen, dem Freunde und Verwandte folgen können. Diese haben die Möglichkeit, alle Fotos in Echtzeit inklusive Standortangabe zu sehen, sie zu liken und zu kommentieren.

◆ **Lonely Planet** bietet zwei nützliche kostenlose Apps: **Guides** ist ein unverzichtbarer Begleiter für Städtetouren. Auf **Trips** können Sie Ihre Reiseabenteuer ganz einfach mit anderen teilen.

SIE

SIND

DRAN

Sie sind dran!

Lonely Planet ist über soziale Netzwerke mit Millionen von Menschen auf der ganzen Welt verbunden. Wir haben in unserer Facebook-Gruppe nach den ultimativen Reisetipps gefragt. Hier einige Antworten:

Fotografieren Sie Ihr Gepäck vor dem Einchecken. So lässt es sich leichter wiederfinden, falls es verloren geht.
Angela Mallon

Reisen Sie mit Leuten, die den gleichen Reisestil haben wie Sie.
Jamie Hs

Mit Fast-Track-Flugtickets lange Schlangen meiden.
Jim Descher

Wenn möglich an gratis Stadtrundgängen teilnehmen.
Catherine Allaway

Prahlen Sie nicht mit teuren Gegenständen wie Kamera, Handy, Sonnenbrille, Schmuck, ...
Pierre-Luc Allard

Haben Sie keine Angst vor dem Alleinreisen.
Kristina Spears

Informieren Sie sich über Ihr Reiseziel, aber verplanen Sie nicht jede Stunde. Erstellen Sie eine Liste mit Aktivitäten und arbeiten Sie sie ab, wie es Ihnen gefällt.

Kyle Copeman-van Der Vlist

Beginnen Sie Ihre Reise unvoreingenommen und füllen Sie Ihr Herz mit neuen Schätzen wie Kultur, Sprache, typischen Köstlichkeiten und Liebe.

Chiến Trần

Superbequeme Schuhe … Man reist doch mit den Füßen und sieht mit den Augen!

Sangeeta Tikekar

Nicht auf irgendwann warten. Reisen Sie JETZT!

Amy Griffey

Mischen Sie sich unter die Locals.

Julia Schweers

Tragen Sie Kopien Ihrer Dokumente bei sich und speichern Sie Scans im E-Mail-Eingang.

Nelet Kok

Sie sind dran!

Machen Sie einen Plan, aber bleiben Sie trotzdem spontan.

Paige Belford Authement

Rollen Sie Ihre Kleidung beim Packen.

Emil Lundin

Eine Stirnlampe ist sehr nützlich, denn man hat mit ihr beide Hände frei.

Sveinung Kvammen

Haben Sie immer eine kleine Packung Feuchttücher dabei. Sie sind praktisch für Kleckereien und schmutzige Hände oder einfach zum Frischmachen. Anderen welche anzubieten bringt außerdem neue Freunde.

Mathilde de Gooijer

Lernen Sie ein paar Grundbegriffe in der einheimischen Sprache.

Robert Wilson

Ersatzklamotten in einen wasserdichten Sack packen.

Bryan Martin

SIE SIND DRAN!

Meine Reise-Checkliste

Notizen

Notizen

Notizen

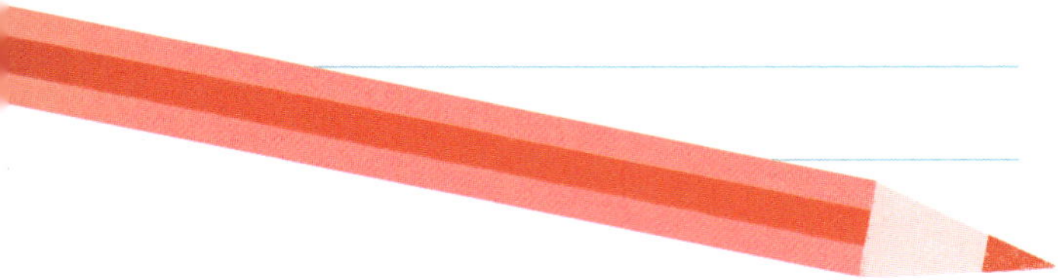

Register

A

Abenteuer 110, 111
Achtsamkeit 118–119
Alleine reisen 38–39, 54–55, 74–75
Apps 122–123

B

Backpacking 16–17
Beschweren 64
Bündelschnüren 14–15

D

Diebstahl 72, 73
Digitale Entgiftung 112–113, 118–119

E

Erste Hilfe 49
Essen 51, 56–57, 58–59, 108–109, 121–122

F

Fahrradreise 81
Familienurlaub 106–107
Feilschen 76–77
Fitness 52–53
Fliegen 28–29, 30, 31, 80–81, 98–99, 102–103
Fotografie 114–115, 116
Frauen allein auf Reisen 54–55
Freunde 77

G

Gadgets 18–19, 22–23, 26–27
Geld 26–27, 42–43, 92–93
Gepäck 12–13, 14–15

Register

Geschäftsreisen 104
Gesundheit 48, 49, 51
Glutenfrei 51
Gruppenreisen 74–75

H
Haustausch 40–41

I
Impfung 11
Instagram 116

J
Jetlag 50

K
Kniggeregeln 84–85, 86–87
Kostenplanung 26–27, 35
Kreuzfahrten 68–69

M
Malaria 46–47, 48

O
Ökoreisen 82–83

P
Packen 10–11, 12–13, 14–15, 16–17
Plastikfreies Reisen 88–89
Portier 105
Privates Übernachten 34–35

Register

R
Rabattkarte 11, 70
Regenzeit 62–63
Reisepass 10
Round-The-World-Trip 32–33

S
Shoppen 92–93
Social Media 116, 123
Steckdosen 20–21
Streetfood 56–57

T
Tierbeobachtung 90–91
Trinkgeld 86–87

U
Unterkunft 34–35, 36–37, 38–39, 40–41, 82–83

V
Veganes Reisen 58–59
Verantwortungsvolles Reisen 80–81, 82–83, 88–89, 90–91, 92–93
Versicherung 11, 19, 65
Visum 10

W
Websites 122–123

Z
Zugreise 70–71, 81

Impressum

Verantwortlich: Ulrich Jahn
Übersetzung: Teresa Zuhl, Dittelsdorf (Aktualisierung 2019), Regina Schneider, Karlsruhe (Vorauflage)
Redaktion & Produktion: Verlagsbüro Wais & Partner, Stuttgart (Kai Wieland)
Repro: Ludwig, Zell am See
Herstellung: Bettina Schippel
Printed in Slovenia by Florjancic Tisk d.o.o.

★ ★ ★ ★ ★

Sind Sie mit diesem Titel zufrieden? Dann würden wir uns über Ihre Weiterempfehlung freuen.
Erzählen Sie es im Freundeskreis, berichten Sie Ihrem Buchhändler oder bewerten Sie beim Onlinekauf. Und wenn Sie Kritik, Korrekturen oder Aktualisierungen haben, freuen wir uns über Ihre Nachricht an Bruckmann Verlag, Postfach 40 02 09, D-80702 München oder per E-Mail an lektorat@verlagshaus.de.

Unser komplettes Programm finden Sie unter www.bruckmann.de

Alle Angaben dieses Werkes wurden von den Autoren sorgfältig recherchiert und auf den neuesten Stand gebracht sowie vom Verlag geprüft. Für die Richtigkeit der Angaben kann jedoch keine Haftung übernommen werden. Sollte dieses Werk Links auf Webseiten Dritter enthalten, so machen wir uns die Inhalte nicht zu eigen und übernehmen für die Inhalte keine Haftung.

Die Deutsche Nationalbibliothek verzeichnet diese Publikation in der Deutschen Nationalbibliografie; detaillierte bibliografische Daten sind im Internet über http://dnb.d-nb.de abrufbar.

ISBN 978-3-7343-1486-5

Dank

Der größte Dank gilt den zahlreichen Experten, Autoren und Reiseprofis, die sehr viel Zeit geopfert haben, um ihren Teil zu diesem Buch beizutragen. Dora Ball und all die anderen bei Lonely Planet, die mit mir an diesem Projekt gearbeitet haben, waren hervorragende Kollegen und ich bin ihnen sehr dankbar. Abschließend vielen Dank an Imogen Hall für die unendlich große Hilfe und Unterstützung sowie an George, Harry und Winnie für die stetige Inspiration. Vielen Dank außerdem an Neill Coen, Emily Frost und Simon Hoskins. Tom Hall